내 마음을 편집해봐

내 마음을 편집해봐

당신의 지친 마음을 구해줄 나대로 살기 위한 기술

초 판 1쇄 2024년 08월 28일

지은이 최이정
펴낸이 류종렬

펴낸곳 미다스북스
본부장 임종익
편집장 이다경, 김가영
디자인 임인영, 윤가희
책임진행 김요섭, 이예나, 안채원

등록 2001년 3월 21일 제2001-000040호
주소 서울시 마포구 양화로 133 서교타워 711호
전화 02) 322-7802~3
팩스 02) 6007-1845
블로그 http://blog.naver.com/midasbooks
전자주소 midasbooks@hanmail.net
페이스북 https://www.facebook.com/midasbooks425
인스타그램 https://www.instagram.com/midasbooks

ISBN 979-11-6910-778-5 03190

값 **19,000원**

미다스북스는 다음세대에게 필요한 지혜와 교양을 생각한다.

내 마음을 편집해봐

당신의 지친 마음을 구해줄 나대로 살기 위한 기술

최이정 지음

미다스북스

프롤로그

마음을 편집하고 비로소 인생이 풀리다

찌는 무더위 속에 원고를 쓰고 있다. 해외에서 일을 마치고 작년 4월 한국에 도착하여 그해 겨울 첫 번째 책『나대로 사는 것은 축복이다』가 출간되었다. 첫 책을 쓰면서 눈물이 범벅이 되어 써 내려간 기억이 있다. 그래서 다시는 쓰지 못할 것 같았다. 그런 내가 다시 원고를 마감하고 책을 내려고 한다. 첫 책은 해외에서 일어난 일들과 내 의식의 성장 과정을 그렸다. 두려움과 고통이 따른 산모의 진통과도 같았다. 지금 나는 인생의 폭풍이 쓸고 지나간 자리에 있다. 지금 이 자리가 고요하고 평온하다. 어떻게 해서 고통의 폭풍을 지나 이 자리에 왔는지를 쓰게 되었다. 이번에는 나대로 살기 위한 실천 편을 쓰고 싶었다.

많은 경험과 여정 속에서 가장 나답게, 편하게 살 수 있을 것은 무엇인가 찾아가 보았다. 주변에서 나답게 사는 것에 부러워하면서 하지 못하는 이유가 무엇일까? 그것은 많은 내면의 생각들이 만든다는 것을 알았다. 버리고 싶은 생각들을 버리고 싶을 때 버릴 방법은 없을까? 매번 내면에서 돌고 도는 생각들을 편집할 수는 없을까? 하루는 동영상 편집을 하며 하루 일어난 일들을 넣고 빼고 해보았다. 내가 원하는 것만을 남게 하고 다시 배열을 해보았다. 그렇다, 우리 안의 생각들은 편집하여 쓸 수 있다. 삭제 버튼을 과감히 눌러 버린다. 휴지통에 넣어 버리면 복원할 수 없다.

용기 없고 두려움에 떨고 주변 의식으로 만든 한계에서 벗어나 삶이 고요해지기 시작했다. 지금도 내면을 들여다보며 속은 많은 사람에게 알려주고 싶었다. 간단한 진리이다. 몰라서 못하는 게 아니라 무의식에 끌려다니기 때문이다. 지금도 곳곳에서 관계 충돌을 하는 것을 자주 본다. 남는 게 무엇인가를 생각해 보자. 서로의 상처만이 남는다.

무언가를 하려고 하면 내면의 자아가 망설이게 하고 하루 종일 떠든다. 내면을 탐구하지 않는다면 당신은 행복과 불행을 넘나들게 된다. 우리의 마음이 모든 것을 만든다는 것을 빨리 깨우쳐야 풍요 속에 행복할 수 있다.

그토록 삶이 더 나아지길 원해서 해외를 나가고, 나가보니 마음을 치유하게 되었다. 내면을 들여다보게 되었다. 혼자는 살 수 없는 인간관계 속에서 많은 충돌은 내면에 답이 있었다. 상대를 바라볼 때 내가 투영된 것을 알게 된다면 문제는 풀려나갔다. 간단한 진리이면서 모두가 간과하고 지나가는 일들이다.

나는 많은 경험과 과정을 이 책에 옮기게 되었다. 상대의 마음을 알고 내가 어떡하면 사랑받는 사람으로 거듭날 수 있는지를 정리했다. 이 책을 읽기 전 모든 중심은 자신이라는 것을, 오직 나자신만 바라본다고 생각하고 읽었으면 한다. 많이 이기적이길 바란다. 그래야 나를 알고 타인을 바라보는 지혜가 생긴다.

나대로 살기 위해 자신을 사랑하고 존중하는 마음편집을 해야 죽을 때까지 건강하고 행복하게 살 수 있다. 마음속에 필요 없는 것들을 삭제하여 휴지통에 던져버려라. 쉽고도 간단한 마음 기술을 써라.

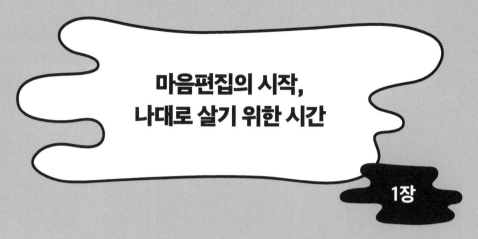

마음편집의 시작,
나대로 살기 위한 시간

1장

잃어버린 꿈을 찾아 내면을 편집하라

"꿈은 계속 간직하고 있으면 반드시 실현할 때가 온다."

누구나 살면서 한순간 꿈이 있었을 것이다. 꿈을 좇아 몇십 년을 달려가는 사람, 중도 포기를 하는 사람들, 꿈 자체 생각을 잊고 산 사람들도 있다. 나는 10대 때 후자에 속한다. 왜 내게는 그런 것이 없었을까? 인생의 후반을 살면서 의문을 품기 시작했다. 치열한 삶을 보내고 40대가 되어 내 안의 꿈을 보았다. 가슴이 뛸 정도로 흥분이 되었다. 보석을 발견한 것처럼 풍족함이 함께 밀려왔다.

환경과 부모 탓이라며 늘어놓는 일도 많다. 이야기로 밤을 새운다 해도 모자란다. 그 시대가 다 그렇듯이 부모님이 열심히 사시는 모습만 보고 자랐다. 열심히 일해야 한다고 생각했다. 좋은 직장을 구해 인정받으며 사는 생활이 최고의 삶이라고 한다. 매일 반복되는 직장 생활은 스트레스로 병을 초래하기도 한다. 시간이 없어 아무것도 할 수 없다고 한다. 반복되는 삶이 곧 우리 삶이라고 했다. 누군가는 내가 40대에 해외로 일을 하러 가겠다고 했을 때 우려와 걱정을 했다. 나는 변하고 싶은 마음이 간절해서 주변의 만류에도 결심했다.

나는 8년간 해외에 있으면서 의식이 많이 성장했다. 꿈을 저버리고 살다 찾고 싶은 욕망이 불타오르기 시작했다. 나는 이 땅에 태어났다는 사명감으로 살고 싶었다. 외부 세계에서는 나를 아무도 안내해 주지 못했다. 가슴 속 깊은 곳에서 꼬물거리며 올라오는 욕구를 진정시킬 수 없었다. 오직 나만 보였다.

꿈을 죽이는 것은 무엇이었을까? 생뚱맞은 질문을 하게 된다. 누가 훔쳐 간 걸까? 우리에게는 의식이 전부이다. 자기 생각이 죽인 것이다. 더 잘할 수 없는 완벽함에서 오는 좌절과 남과 비교하는 눈치만 보다 끝나버린 일도 있다. 주변에서도 거들었을 것이다. "너는 할 수 없어. 힘들어."라고 하는 말은 위로로 포장되기도 한다. 참으로 터무니없는 말은 한 사람의 인생이 순식간에 뒤집힌다. 가만히 생각해 보아라. 우리는 그들에게 왜 여지를 주었나? 자신을 믿지 못했기 때문에 타인의 말에 의존했다.

나의 20대 시절은 공포와 불안이 가득했다. 지금 생각해 보면 어처구니 없다. 남의 말에 크게 영향을 받게 되었다. 마음 근육이 약해 무너져 버린 것이다. 꾸겨진 꿈은 가슴에 꼭 숨겨 두고 살았다. 내 주변만 보아도 해외에서 많은 경험을 한 것에 대해 신기하게 생각한다. 남들과 나와의 차이는 하고 안 하고 차이라고 말하고 싶다. 수많은 주변의 질투와 만류에도 시작했다. 그 당시 주변에서 못하게 하는 이유를 늘어놓고 공포까지 심어준다. 주변은 온통 부정적 에너지로 가득했다.

당신의 꿈을 죽이는 것은 어디에도 없다. 주체는 바로 당신이다. 남의 탓은 이제 버려라. 언제까지 그러고 살 것인가. 그렇다고 남들이 알아주는가? 그들도 모른다. 자기 자신밖에 모르고 산다. 자신 안에 자리 잡은 방해자를 찾아라. 방해자는 당신이 어려서부터 주변의 온갖 부정적인 말을 당신에게 퍼부은 자들이다. 가엽고 불쌍한 내면의 방해꾼을 일으켜 세워라. 정신을 차리라고 어깨라도 후려쳐 보아라. 당신에게 내가 심하게 말했다고 생각하나? 나는 20대를 허망하게 보내 버렸다. 그리고 40대가 되어 정신을 차렸다. 조금이라도 젊었을 때 하는 게 더 낫다는 것도 안다. 그러나 시간은 흘렀다. 건강과 여유만이 당신을 이끌 것이다. 정신을 차리는 시기는 다 다르다. 그 시기가 단 빠르면 좋다.

해외나 국내에서 젊은 사람들과 이야기할 기회가 되면 많은 경험을 가져 보라고 한다. 경험은 값진 것이다. 무엇과도 바꿀 수 없는 것이다. 누가 훔쳐 갈 수도 없다. 결단만 내려라 그리고 나아가라. 요즘 신세대는 미디어에 노출이 되어 매우 빠르게 결과를 원한다. 짧고 간략해야 한다. 고리타분한 것을 싫어한다. 세대 간의 의식 차이가 날수록 더 멀어져간다. 우리는 꿈을 죽이는 것은 자신이라는 걸 알았다. 자신이 어떡해야 목표를 만들고 이룰 수 있을까?

자신을 탐구하기 시작해야 한다. 상자의 뚜껑을 열 듯 내면을 열어 보라는 말이다. 장단점도 파악하고 나라는 상품은 어떤 것인가 보아라. 철학에 근거하여 '나는 누구인가?'를 쫓아가보면 무엇이 나오는가? 심오하게 슬픔과 고요함이 밀려온다. 숨겨둔 억압 덩어리를 보았다. 진정성 있게 살면서 자신을 돌아볼 시간을 가지지 못한 것이다. 자신으로 산 것보다 주변을 의식하고 산 삶이 편하지 못했다. 불안과 고통을 끌어안고 산 삶이 꿈을 죽여버린 것이다. 낮은 자존감은 꿈을 끌어내리고 상대의 꿈도 방해한다. 가족이라면 더욱더 힘든 상황이 된다. 참으로 안타깝게 당신의 꿈이 무시되었다. 같은 곳을 바라보고 같은 곳에 있기를 강요받았다.

수많은 성공 서적을 읽는다 해도 자신이라는 실체를 모르면 인생을 헛발질하는 것이다. 돈과 시간을 낭비하게 된다. 낭비된 돈과 시간은 절망을 갖게 된다. 자신에게 맞는 맞춤형을 만들어야 한다. 남과 비교하지 말고 자신이 행복한 걸 찾아야 지혜로운 삶이다. 자신이라는 거대한 존재를 명확히 파악해야 한다.

우리의 꿈을 죽이는 자신 안의 부정성을 바로 잡아야 한다. 오직 좋은 습관이 답이다. 이것만 알아도 다행이다. 원인을 외부에서 찾는다면 혼란이 일어난다. 내부의 자신을 바꾸는 게 더 빠르다. 모든 것은 내 안에 있다고 생각하자. 외부에 있다고 생각한 원인을 자신에게 있다고 시작해 보자.

문제는 간단하다. 꿈을 죽이는 자를 알았다. 내 안의 자아가 만든 것이다. 시작할 수 없는 이유를 언제까지 말할 것인가? 죽음에 다다라서 그때 후회할 것인가? 나는 40대에 정신을 차리고 보니 지나온 시간에 아쉬움도 있었다. 지금도 늦지 않았다. 시작이 문제였다.

우리는 누굴 위해 살려고 이 땅에 온 것은 아니다. 살다 보니 시간이 흘렀고 스스로가 만든 제한을 두었다. 누구에게 잘 보일 필요 없다. 누구를 위해 목숨 바쳐 살자는 것이 아니다. 그들도 그것을 원하지 않는다. 당신에게 잘했다고 인정을 해줄지 모르나 착각일 수 있다. 온전하게 자신을 바라보고 나아가라. 죽은 꿈도 일으켜 세워라. 당신 안에 잠자고 있는 간절한 소원이 무엇인지 보자.

나는 늦은 나이 그림을 배웠고 영국 플라워 스쿨을 다녔다. 일하러 필리핀에 나갔고 그것이 발판이 되어 세계 20여 개국을 맘껏 돌아다녔다. 누구의 허락을 기다리는 바보가 되지 마라. 아무도 당신에게 가라 말라 하지 못한다. 당신의 꿈을 남이 절대 이루어 주지 않는다.

타인 때문에 못했다고 드라마를 쓰지 말길 바란다. 집중하여 작은 것부터 실천하며 앞으로 나아가라. 가다 보면 당신은 그곳에 가 있다. 어느 날가 있는 자신을 보고 기절초풍하기도 한다. 우리는 천년만년을 살 수 없다. 각자에게 주어진 시간이 있다. 어떤 경험을 하고 사느냐가 전부다. 우리는 많은 경험과 꿈을 꾸며 각자의 삶을 펼치게 된다. 꿈을 가지고 산다는 것은 현존하는 것이다. 묻어둔 꿈이든 버려진 꿈이든 다시 찾아 떠나보자. 거대하고 화려하지 않아도 좋다. 가장 당신이 어느 곳에 놓일 때 행복한가를 보면 된다. 고요하고 안정된 상태가 자신의 꿈에 이르게 한다.

주변을 살피며 늦었다고 포기하는 마음에서 빨리 탈출해야 한다. 인간은 혼자 있거나 누가 있어도 외로운 존재라고 한다. 자기 자신과 좋은 친구가 되고 해보고 싶은 것을 조금씩 해나가 보자. 지금이 늦었다고 하면 어제도 늦었다. 꿈은 당신이 이 세상을 떠나는 날까지 계속된다. 지금도 꿈은 계속된다. 우리가 타려는 전철은 당신이 시간만 맞추어 나가면 탈 수 있다. 꿈이든 당신이 갈망하는 소원으로 전철을 타듯이 올라타라.

배우고 싶은 것도 좋다. 가고 싶은 것도 좋다. 온전히 나를 위한 꿈을 꾸고 계속 나아가 보자. 누구의 응원을 바라지 말고 자신이 격려하면 된다.

꿈이 계속되고 있다는 말이 얼마나 가슴을 벅차게 하는가? 설렘이 계속되어도 좋다. 핑계라는 오물은 저 멀리 던지고 가 보자. 지금도 누군가는 늦은 나이 꿈을 꾸고 멋지게 살듯이 당신도 할 수 있다.

소박한 꿈이어도 좋다. 자신을 이끌어 줄 행복한 꿈이면 된다. 인생 여정이 끝날 때까지 계속 나갈 뿐이다. 나이가 들어서라는 말은 당신의 핑계가 될 수 없다.

지금이 당신이 꿈꾸기에 가장 적당한 시기다. 비교에서 벗어나 하루라도 가장 나답게 꿈을 꾸며 상상하며 사는 것이 좋다. 삶이 바빠 구겨 놓은 꿈 종이를 다시 펼쳐보자. 아련한 향수를 느끼며 지금까지 잘살아 온 당신을 안아주며 응원해 주자. 꿈은 우리의 수명이 끝날 때까지 계속되고 있다. 꿈은 결과를 보고 달려가지만, 과정이 아름답다.

자신의 잃어버린 꿈을 찾아 내면을 편집해 보자. 버려야 할 내면의 걱정, 두려움을 완전히 삭제해 보자. 지금, 이 순간 당신이 하고 싶은 것을 찾아가 보자.

나를 구해줄 친구는 자신뿐이다

"내 안의 작은 목소리를 듣고 그것을 따르라."
조지 루카스

자신이라는 이미지를 탐구해 보자. 표면에 나타나는 겉모습으로 판단하라는 것이 아니다. 내면을 보기 바란다. 절망에 빠져 있는가? 하루 끼니를 걱정하고 있는가? 몸이 아파 고민인가? 사람들은 다양한 고민거리를 가지고 있다. 남의 고민도 듣게 된다. 우리는 크기를 재며 나보다는 낫다고 생각한다. 비교하는 마음이 정말 진실일까? 상대도 나와 같은 생각을 한다는 것을 기억해라.

우리가 절망의 늪에 빠져 있을 때는 상처를 감추기에 바쁘다. 상처를 보여주고 싶어 하지 않는다. 아무도 모르기를 바라며 혼자 애써 감추려 한다. 당신이 묻어둔 상처가 과연 사라졌는가? 외부세계서 우리는 철저하게 가면을 쓰고 산다. 주어진 역할에 충실히 활동한다. 가정으로 돌아가면 엄마 역할을 하고 직장을 가면 일하는 직장인이 된다. 꼬리표가 붙여진 대로 활동을 한다. 영화 속 주인공처럼 여러 역할을 한다.

내면은 얼굴로 바로 나타난다. 마음을 감출 수도 없다. 타인을 바라보면 감지된다. 너무 애쓰는 자아는 처절할 만큼 고개 숙이고 있다. 혼자 있게 될 때 비로소 가면을 벗어 버린다. 아프면 아프다고 말해보자. 언제까지 내면을 감추고 살 것인가? 감춘 상처를 곱씹으며 한탄하는 데 시간을 보낸다. 반복되면 에너지는 곧 고갈되고 만다.

누구도 당신의 상처를 구할 수 없다. 자신을 구할 수가 있는 것은 자신밖에 없다. 내면을 숨긴 장소는 어느덧 암흑의 공간이 되어버렸다. 당신도 그럴 때가 있었을 것이다. 문제를 만들어 자신을 괴롭힌 적 없는가? 무기력에 빠지면 당신 가족도 당신을 구할 수 없다. 우리는 이 세상에 각자의 경험을 하러 왔다. 자신을 먼저 구한 다음에 타인을 볼 여유가 생기게 된다. 자신을 구하지 못한 상태에서 외부로 힘을 뺏기면 마음은 골병들게 된다.

마음공부를 하기 전에는 작은 것 하나에도 괴롭고 힘들었다. 마음이 편하지 않은 상태는 시작이 불안하고 두려웠다. 오랜 세월 동안 자신을 지키기 위한 방어 체제를 안착하고 있었다. 마음을 철저하게 감추고 자신을 보호할 한계를 그었다. 우리 몸은 느낌과 감정으로 반응이 일어난다. 자신도 모르게 복잡하게 일이 휘말린 적이 많다. 우리는 실수하고 가까이 있는 지인에게 조언을 구한다. 복잡해진 마음은 해결을 위한 골든 타임을 놓치기도 한다. 가면을 쓰고 자기방어 태세를 갖추기 바쁘다.

자신을 방어하려는 가면을 쓴 자신도 알게 되었다. 자신을 관찰한다면 반은 이미 승리다. 오랜 세월 잠재의식에 정보가 잠재되어 자신도 모르게 프로그래밍 되어 가고 있다. 잠재의식을 들여다보면 반복된 행동의 원인을 알게 된다. 내면의 친구인 자신이 무엇을 하는지 관찰할 수 있다. 반항하며 타인으로부터 방어하는 내면의 자신을 관찰하자.

고통의 늪에서 못 나왔을 때 몸도 함께 아프고 무기력할 때가 많다. 마음은 어디에서 오는 것인가? 내 안에 무엇이 이렇게 만드는 것일까? 남 탓을 많이 했다. 외부에서 찾는다면 당신은 평생 못 찾게 된다. 남 탓을 할 때 그 대상자를 쫓아야 하기 때문이다.

자신을 바라볼 때이다. 우선 당신은 누구인가? 몸과 마음이 자신이라고 해야 하나? 아니다. 마음도 변하고 흘러간다. 몸은 우리의 의식이 있는 도구에 불과하다. 악기를 다루듯이 마음을 이용해 자신이라는 악기를 다루어야 한다. 오직 우리 내면에는 참 자아만이 존재한다. 참 자아를 깨달으면 고통에서 멀어져 갈 수 있다. 내면을 바라보며 과거에 당신이 생각한 모든 모습과 생각은 이별하기를 바란다.

몇 년간 책과 여행하며 우리에게 오는 고통과 두려움은 가짜인 것을 알게 되었다. 수없이 헛발질하며 벗어나려고 반복했다. 오는 반응에 저항하며 애쓰며 산 것이다. 인생을 구하고자 한다면 우선 내면의 자신을 바라보며 무한 사랑을 주어야 한다. 당신이 외면한 내면의 자아를 보아라. 자신 안의 가장 가까운 친구를 봐야 한다. 자신에게 사랑을 주면 감사가 저절로 나온다. 외부를 바라보는 당신의 초점이 빛이 날 것이다. 자연스럽게 주변도 바뀌게 된다. 당신이 바꾸지 않아도 주변은 당신이 원하는 방향대로 가게 된다. 자신을 사랑으로 돌보아야 주변도 당신을 돌보게 된다.

당신의 인생을 먼저 구하고 타인을 바라보자. 자신이 중요하고 자신에게 사랑을 듬뿍 준다면 타인에게도 사랑을 줄 수 있다. 자신의 삶을 돌보기 위해 큰 것을 하라는 것이 아니다. 과거의 지금은 이미 과거이다. 과거의 마음은 흘러갔다. 과거는 영사기 필름처럼 펼쳐진다. 당신의 삶이 어디쯤 왔는지 아무도 모른다. 위대한 우주에서 보면 한 인간은 얼마나 작은가? 우리의 의식은 하나라고 한다. 당신이 혼자라는 분리된 생각 때문에 불안한 것이다. 당신 자신이 되었을 때 목표는 가까워진다. 내면의 참 자아인 자신이 친구임을 알아야 한다.

인생을 멋지게 설계해 보아라. 당신은 주변 눈치 볼 필요가 전혀 없다. 그들은 자신들 인생 구하기에 바쁘다. 남의 인생은 그만 쫓아가길 바란다. 당신이 주인공이다. 가장 당신답게 살길 바란다. 자신답게 살면 자유가 주는 놀라움을 만끽할 것이다. 당신의 삶이 수월해진다. 자신을 사랑하며 나대로 멋지게 살아보자. 가장 가까운 곳에서 당신을 바라보는 사람은 자신이다. 당신 바로 옆에 가장 친한 친구인 자신이 있다.

어떻게 하면 자신인 좋은 친구 만날 수 있을까? 우선 가면을 벗어라. 자신이 아닌 감정으로 살기를 내려놓기를 바란다. 남의 시선과 남 뒤꽁무니를 보고 간다면 병들고 말 것이다. 자신에게 사랑을 준다면 어떻게 될까? 완벽하지 않아도 자신을 사랑한다. 타인에게 희생과 봉사도 좋다. 그러나 자신을 잘 돌보는 마음이 있어야 가능하다. 어머니가 자식에게 지극 정성이듯 자신에게 그리 해보아라. 당장 무엇인가를 하고 싶은 욕구도 솟구칠 것이다. 사랑받는 강아지에게 사랑을 더 주게 되어 있다.

자신인 친구로 살기 위해서 첫 번째 스스로 살아야 한다. 당신을 1순위로 올려놓길 바란다. 모든 중심이 당신이 되게 하라. 두 번째는 자신을 많이 사랑해 주자. 사랑이 넘쳐야 잘 돌보는 것이다. 세 번째는 주변의 말에 휘둘리지 마라. 자신을 돌보는 게 이기적이라 말해도 무시하라. 병나고 아프면 귀찮아한 게 인간이다. 자신의 삶을 사는 게 주변에도 기쁨을 준다.

지금 시대는 혼자 잘 지내야 한다. 우리 대신 병들고 아파도 대신해줄 사람이 없다. 자신과 가장 친하게 지내는 사람은 자존감도 높다.

돌봄을 받고 돌보는 시대는 끝났다. 누군가에게 기대거나 책임지기는 버겁다. 자신을 가장 친한 친구로 두면 건강하게 사는 지름길이다. 자신에게 나쁜 음식을 제공하지 않고 긍정의 말씨도 뿌리게 된다. 얼굴에 미소가 떠나지 않을 것이다. 매일 왜 웃는지 모르고 행복한 자신을 발견한다.

오늘부터 나의 쏘울 메이트는 나 자신이다. 영원히 평생을 같이할 친구이다. 인간은 세상에 던져진 혼자다. 선택의 여지없이 태어났다. 그래서 인간은 사는 동안 외로움을 많이 느끼며 산다고 한다. 혼자인 것을 두려워하여 관계에 집착하게 된다. 외로워하며 고독에서 벗어나려 한다. 집착이 반복되면 괴로움을 준다. 나 역시 혼자인 것에 큰 두려움을 느꼈다. 우리의 곁을 떠날 일 없는 나 자신을 친구로 두기로 했다. 가장 친한 친구이다. 내가 생을 다하기 전까지 함께한다. 가장 좋은 친구는 나다. 자신을 알아 갈수록 자신인 친구가 항상 같이 있음을 알게 된다.

다른 사람들은 사느라 바빠 당신의 호기심에 관심이 없다. 마음의 소리에 따라 살아야 하는데 그들도 모를 때가 많다. 내 안의 가장 친한 친구에게 물어본다. 내면에서 여러 소리가 들린다. 상대와의 관계에서 갈등을 겪을 때 내면의 친구는 변명도 하며 오해하기도 한다. 자기 정당화를 하는 것이다. 억울한 나를 바라보라고 한다. 가장 친한 내면의 친구인 나의 이야기를 들어주어야 한다. 있는 그대로 자신 안에 있는 친구의 내면 변화를 오직 관찰할 뿐이다.

한참을 들어주면 나의 친구는 잠잠해진다. 인생이 끝날 때까지 같이할 가장 친한 친구인 나를 사랑해야 한다. 누군가 내 친구를 인정해 주지 않는다고 해도 좋다. 내가 인정해 주면 된다. 외롭다고 느낄 새가 없이 내면의 가장 친한 자신과 놀아 보자. 혼자도 잘 노는 사람들이 주변에 많이 있다. 그들은 인생이 즐겁고 여유로운 마음이 보였다.

혼자 잘 지내다 보면 건강하게 살 수 있다. 혼자 잘 지낸 사람들은 여러 명과 만나도 잘 어울린다. 내면에 스트레스가 쌓여 있지 않기 때문이다. 나는 주말이면 혼자 갤러리를 다니며 감정을 내면의 친구와 함께한다. 감정이 차분해지며 혼자만의 정서를 만든다. 가끔 지인과 약속이 있으면 마다하지 않고 맛난 음식을 먹으며 즐겁게 떠들다 온다.

혼자 가끔 멋진 커피숍도 가보고 핫한 장소도 검색하여 가보라. 혼자가 아니다. 당신의 가장 친한 자신인 친구가 함께 가는 것이다. 가볍게 즐겁게 놀다 오면 된다. 대화는 내면의 나와 마주한다. 나 자신과 마주할 가장 편안한 시간이 될 수 있다.

당신의 가장 친한 친구인 자신이 당신 옆에 이제는 외롭지 않다. 친구를 데리고 여행을 가보라. 사랑을 달라면 사랑을 주자. 내면에 사랑을 남기고 나머지 부정적인 감정은 편집해 보아라.

　당신의 가장 친한 친구인 자신이 항상 옆에 있다는 것을 잊지 마라.

당신의 결단이 중요한 이유

"당신의 운명은 결심의 순간 모습을 갖춘다."
앤서니 로빈스

한국으로 와서 맞은 첫 겨울이다. 추위를 극도로 싫어하는 나는 겨울이 공포로 다가온다. 겨울 동안은 따뜻한 나라에 있다가 오고 싶어질 정도다. 작년 해외 생활을 정리하고 조금의 시간이 흐르고 많은 일들이 일어났다. 마음먹은 것에 결단을 내린 결과이다. 매서운 겨울 날씨에 스타벅스를 오가며 원고를 쓰던 일이 생각난다.

책을 내는 것은 나의 오랜 꿈이기도 했다. 꿈을 빠르게 이룰 줄 몰랐다. 항상 뭔가를 하기 전 우리는 두렵고 미루기를 반복한다. 주변의 말들도 거든다. 이래서 못하고 저래서 못하고 결국 포기도 해버린다. 왜 우리는 포기를 반복할까? 미래에 대한 불안이 도사리고 있다. 세상 밖으로 자신이 던져지는 것을 힘들어 한다. 쏟아지는 비판이 두려운 것이다. 세상이 나를 어떻게 볼까, 두려움이다. 익숙한 것에 그대로 있고 싶은 습관이 있다. 남이 이룬 성과를 보며 부러워하면서도, 정작 자신은 자신이 없다고 한다.

자신을 만나는 시간을 가져 보자. 나는 누구인가? 식상한 질문일지 모르지만 계속 탐구해야 한다. 우리의 존재를 모르고 세상을 산다면 이 세상은 나와 분리된 자로 괴로울 것이다. 얼마나 무서운가? 나 외의 사람은 공격의 대상이 될 수밖에 없다. 계속 타인을 비판하고 자신을 비관하며 시간을 보내게 된다. 결단을 내리기 위해 자신을 알아야 한다. 자신이 지닌 고귀함을 알아야 자신이 하고 싶은 것을 찾아 결심을 할 수 있다. 아무도 당신을 공격하는 사람은 없다.

책을 쓴다고 흘렸을 때 주변의 반응은 다소 의아해했다. 그들의 생각이 반영된 것이다. 말 한마디에 좌절되고 신경 쓰인다면 자신을 객관적으로 바라보지 못한 것이다. 순간 기분이 오르락내리락하지만, 곧 지나간다. 자신도 타인의 모습에 객관화로 보지 않고 자신 의견을 내비친 적 없는가? 많은 일들이 일어나기 위해서는 서로가 다른 반응을 내주어야 한다. 결심했다면 주변 반응에 일일이 대응할 필요는 없다. 그들은 당신을 맘대로 할 수 없다. 오직 당신의 생각이 현실을 창조한다. 결단을 내리기 위해 주변을 너무 살필 필요는 없다.

타인이 한 말들은 그들도 모르는 사이 사라지고 만다. 가만히 관찰해 보라. 아무도 내게 비판을 던질 수 없다. 타인의 비판은 그들 것이다. 존중해 주며 자신을 다른 곳으로 옮겨 가보자. 생각을 관찰하고 주시하며 바라보

자. 행동과 생각을 볼 수가 있다. 하루도 수도 없는 생각들 그 실체를 보면 어디서 오고 가는가? 당당히 맞서 보자. 지금 당신이 하고 싶은 것은 무엇인가? 무엇이 당신을 막는다고 생각하는가? 모든 행위는 자신이 결심한 것이다. 우리는 속고 있었다. 타인과 외부의 환경이 그렇게 만들었다고 생각한다. 이 생각은 당신을 꼼짝을 못하게 만든다. 스스로 묶은 밧줄에 움직일 생각이 없는 자신을 보아라. 앞마당에 개의 목줄을 풀어 줘도 움직이지 못하는 것과 같다.

내면에 할 수 있다는 것을 믿고 당장 결단을 내려 보자. 나는 책을 출판하기 위해 결단을 하고 3달 이내에 원고를 마감했다. 결단하고 스타벅스에 출근한 것이다. 매일 출근하다시피 반복했다. 가능했던 그것은 결단했다는 것이다. 주변에 뭐라고 하든 나는 믿고 나갔던 것이다. 가능함을 만드는 원동력은 결단의 의식이다. 하겠다는 결심만이 전부이다. 걱정은 나중에 하자. 가기도 전에 오만 가지 걱정에 사로잡힌다면 못 가고 만다. 결단을 내렸다면 표를 예약하고 예매 버튼을 눌러야 한다. 예약 시간이 되면 역으로 나가면 된다.

사람들은 내게 어떻게 책을 썼냐고 묻는다. 누구나 할 수 있다. 가보지 않고 그것을 어찌 안단 말인가? 가는 길은 고통과 시간이라는 여정이 따른다. 결국 결단하는 마음가짐이 그곳으로 이끌어 준다. 생각은 우리 앞에 창조물을 안겨 준다. 가만히 있으면 아무 일도 일어나지 않듯이 결단을 내려야 한다. 하겠다는 결심을 세워야 목적지로 간다.

걱정을 안고 가도 좋다. 익숙해지면 걱정을 왜 했는지도 모른다. 그냥 가보자는 것이다. 한 발짝만 앞으로 나아가 보자는 것이다. 실패하더라도 가보자. 세상에 태어나 적어도 하고픈 것은 해보고 가야 하지 않는가? 지구에서 소풍을 즐기고 가는 것이다. 지금 잠자는 내 안의 거인을 나오게 하자. 거인은 당신이 꺼내주기를 기다리고 있다. 단 당신의 결단만이 가능하다. 결단은 당신을 행동하게 만든다.

늦은 나이에도 내가 할 수 있는 원동력은 결단하는 것이다. 누구는 하는데 나라고 못할 이유 없다. 나는 1%만이 한다는 것을 해보기로 많은 것에 도전하고 있다. 책 쓰기도 1%만이 한다고 해서 해본 것이다. 나의 결심에 만족한다. 시작이 답이고 결단이 전부였다. 다 때가 있다고도 말하기도 한다. 누가 만든 말인가 속지 마라.

하고 싶은 것을 노트에 적어보자. 한 열 가지를 나열해 보고 가장 상단의 하나를 생각해 보자. 이것을 하기 위해 작은 행동부터 5가지를 적어 내려가 보자. 막막할지 모른다. 정말 될까 하는 의심도 들 것이다. 첫 번째 행동을 당장 해라. 작은 것이 우리를 강하게 힘을 준다. 작은 것이 되면 쉽게 그냥 넘어가는 듯 느낄 것이다. 진행 과정 중 많은 생각들이 덮쳐 올 것이다. 당신의 내면 에고가 방해한다. 방해꾼은 외부의 누가 아니고, 당신이다. 자신을 마주하고 시간을 가져봐라. 두려움에 떨고 있는 자신을 정면으로 마주해 보아라. 잠시 시간을 가지며 지켜보면 지나간다. 우리가 매일 생각하는 생각은 머물지 않는다. 매일 흘러가고 또 밀려온다.

결단한 자신의 두려움을 환영하며 안아주고 칭찬을 해주자. 한다는 결단이 대단한 힘이고 가치가 높다. 값을 매길 수 없는 황금알이다. 황금알을 품고 당신이 행복한 것을 하라. 분명히 그곳에는 행복이 있고 자존감이 높아진다. 모든 답은 당신이 원하는 것을 결단하는 것뿐이다. 결단하고 작은 것부터 시작은 이미 반 성공이다. 마음은 하루에 여러 번 변한다. 결단을 하고도 몇 번을 의심하기도 한다. 결단했다면 자신과의 약속도 지켜야 한다. 행동하게 만드는 것은 당신의 결단 뿐이다.

결단하면 행동하게 되어 있다. 결심한 것을 우리의 뇌는 가동을 한다. 당신의 결단만이 행동으로 이끈다는 것을 명심해야 한다. 결심하지 않는다면 창조물은 없다. 당신 마음속에서 떠오르는 간절함을 보기 바란다. 당장 시작해 보길 바란다. 결과는 과정에서 온다.

할 수 있다는 마음을 가지고 하고 싶은 것을 적어 내려가 보자. 결단한 당신은 흥분될 것이다. 이미 그곳에 가 있는 자신을 상상으로 보게 된다. 결단을 내리고 생각한 것들이 동시성으로 당신 앞에 나타난다. 최근 날씨가 더워 삼계탕을 먹겠다고 마음을 먹었는데 지인이 삼계탕을 먹자고 해서 웃었다. 삼계탕을, 더위를 이겨내는 보양식으로 꼭 먹어야지 하는 마음이 있었다. 결단하고 생각만 해도 주변에서 관련된 상황이 벌어진다.

　마음속에 떠오르는 곳으로 결단을 내리고 가보자. 결단은 이미 시작이다. 당신의 결단을 기다리고 있다. 결단을 내려야 행동이 따른다. 두려움과 공포를 편집하여 결단을 내리고 나아가는 자신은 이미 그곳에 가 있다.

　결단도 습관이다. 많은 생각만 하고 결단을 내리지 못하면 그 자리에 머물게 된다. 변화는 없는 지루한 삶만이 존재한다. 결단이 있는 행동만이 당신을 변화시킨다.

있는 그대로 자신을 존중하라

"자신을 존중하라, 그러면 다른 사람들도 그대를 존중할 것이다."
공자

카푸치노를 한잔 마시며 사무실에서 글을 쓴다. 나를 바라보며 집중한 삶을 산 지 10년이 되었다. 지인과 둘이 여행을 다녀왔다. 다른 점을 발견하게 된다. 다름을 존중하니 마음이 가볍다. 다른 사람의 다름을 관찰하면 자신을 바라보게 된다. 타인과 다른 나를 존중하면 더 행복해진다. 행복은 타인에게까지 퍼진다.

주변에 존중해 줄 사람들은 많고 닮고 싶은 사람도 많다. 나 역시 무엇을 위해 지금 이곳까지 왔나? 의문을 던져 보기도 한다. 치열하게 남과 더불어 더 가지고도 싶었고 더 잘나고 싶었다. 누군가를 좋아도 해보고 싫어하는 사람들도 있다는 것을 알고 있다. 모두가 나를 좋아하거나 사랑할 수는 없다. 우리는 모두가 자신을 사랑해 주길 바란다. 연인이든 자식이든 부모까지 언제나 나를 사랑하고 지지해 주길 바란다. 반 강요이기도 하다. 사랑을 받기 위해 애를 쓰며 처절하게 산다. 우리가 이 애씀을 당장 내려놓지 못하는 것은 당신에게 불행을 준다고 생각하기 때문이다. 생각하면 저마다의 자신 안에 분리되었다는 두려움을 안고 살아간다. 끊임없이 누군가 봐주길 바라고 사랑해 주길 바라는 마음은 생이 끝날 때까지 계속된다. 타인으로부터 인정받고 싶은 욕구 때문이다.

유명한 연예인들이 갑자기 자살하고 절망하는 것은 무엇일까? 많은 관심도 부담이지만 받았던 사랑이 사라질까 봐 두려움이 앞서서일 것이다. 커다란 불안 덩어리를 안고 사니 모든 게 만족하여도 행복하지 않고 남의 눈치만 본다. 에고가 자신일 줄 착각하게 된다. 가짜인 에고에서 벗어나야 우리는 온전한 삶을 살 수 있다. 평생을 살면서 자기 안에 갇혀 산다면 얼마나 불행하겠나? 많은 시간은 다시 돌아갈 수 없음에 매우 허탈하다.

착각 속에 불안한 자신을 구할 방법은 없을까? 왜 우리는 무언가를 꼭 해야 한다고 하고 살까? 한시도 고요함을 느끼지 못하며 뭔가를 계속하고 있는가? 정리가 필요하다면서 내려놓지를 못한다. 사람들은 불안하여 못 내려놓겠다고 한다. 죽음에 이르러 내려놓고 싶다고도 한다. 보통 큰 문제가 아니다. 이 세상에 태어나 쉴 새 없이 뭔가를 계속해야 산다는 논리이다. 주변이 다 그렇게 산다고 한다. 일이 바쁘다고 하는 것은 다 거짓말이다. 당신의 생각이 만든 것이다. 생각이 당신을 바쁘게 만든 것이다.

시립미술관을 다녀왔다. 어제의 생각이 만들어 낸 창조물이다. 해외에 있을 때 종종 누렸던 일들이 갑자기 생각이 나서 실행해 보기로 한 것이다. 자신이 좋아하는 것을 따라간 것이다. 시청역에서 걸어 미술관을 이르는 길은 가슴을 뛰게 하기에 충분했다. 오랜만에 온 곳은 길거리 풍경들도 변했지만 나 또한 변했다. 지금이 더 여유롭다. 풍경 하나하나가 내게 소중하게 다가옴은 시간이 주는 여유일 것이다. 참 좋다. 입구에 들어서며 작가의 스토리를 따라가 보았다. 회사 생활을 하다 자신과 안 맞아 결단을 내리고 독일로 간다. 그곳에서 늦은 꿈을 펼친다. 친구에게 부탁하여 찍은 사진이 들어온다. 사진 속 작가는 해변에 앉아 바라보며 자신의 뒷모습을 남겼다. 언젠가는 저 너머로 가리라는 메시지를 던진다. 결국 자신을 찾아갔다. 내 옷이 아닌 옷을 입고 있을 때 심적 갈등이 오고 벗어나고 싶었을 것이다. 작은 갈망은 바닷가에 던져 다시 메아리쳐 오길 바랐을 것이다. 우리 모두의 모습이다. 지금 자리는 당신이 원한 자리인가? 작가는 자신이 원한 자리로 이동했다. 나 역시 8년 전 이 변화를 간절히 원해서 이동했다. 좋은 변화를 주려는 마음은 자신을 존중하는 사람이다.

남을 복사하려는 삶은 지친다. 하루도 아니고 힘들고 괴롭다. 남을 추종하고 존경하는 것도 좋다. 그러나 자신부터 존중해 주자. 우리는 우리가 원하는 곳으로 자리를 이동할 수 있다. 자신이 부족하고 희망이 없다고 좌절만 한다면 한 발걸음도 움직이지 못한다. 어디로 갈 수 없다. 아무도 당신의 삶을 살아 주지 않는다. 오직 당신의 경험만이 존재한다. 경험이 전부다. 어떻게 자신을 존중할 것인가? 우선 자신을 다 받아들여야 한다. 부족하고 못난 나도 받아들이고 사랑해야 자신을 존중한다. 남을 위해 존중하는 마음을 자신으로 끌어와 보자.

당신은 지구상에 유일하게 생각하고 경험하러 지구별에 왔다. 각자의 역할을 하기 위해 분주한 삶을 살고 있다. 글을 쓰고 있는 나 자신을 바라보고 있을 때 신기하다. 한 사람 한 사람은 소중하고 귀한 존재다. 우리는 존중받아야 한다.

인생은 유한하다. 누구나 죽음에 이른다. 자신을 존중하는 마음을 시작해 보자. 자신을 어떻게 존중하냐고 묻고 싶을 것이다. 처음에는 쑥스럽기 짝이 없다. 연습하다 보면 자신을 사랑하지 못할 이유가 없다. 지구상에 단하나뿐인 나를 존중하고 귀하게 여겨야 타인도 당신을 고귀하게 봐준다. 나 자신을 존중하며 하루를 보내면 세상이 달라진다. 먹구름 같던 세상이 아름답게 보이고 마음이 가뿐해진다.

자신을 존중하는 하루로 채운다면 감사가 넘친다. 남과 더불어 사는 삶이 에너지가 가득하여 삶이 가뿐해진다. 책 속에 모든 저자는 말한다. 감사와 사랑이 답이고 진리라고 말한다. 자신을 보석 다루듯 귀하게 한다면 타인으로부터 안전할 수 있다. 마음속의 생각이 밖으로 투영된 것이다. 자신을 믿지 못하고 불신으로 가득한 마음은 그대로 투영되어 문제를 만든다. 끔찍하지 않은가? 무섭고 두려운 일이다. 마음을 평온하고 자신을 존중하는 데서 문제들은 풀려나간다.

어떻게 자신을 사랑하냐고 묻는다. 외부로 초점을 맞추고 사는 삶이 자신을 존중하는 마음을 잃어버리게 만들었다. 나로 시작하여 지구는 움직인다. 내가 생각해야 움직이고 경험도 만든다. 지나간 일들은 필름처럼 휙 지나간다. 잡으려 해도 잡을 수 없다. 찰나의 순간들이다. 당신 안의 순수의식인 사랑을 알아차려야 한다. 행복이 당신이고 사랑이 이미 안에 있다. 원래의 나를 존중하고 사랑하는 것은 당연한다. 자체가 존중이고 사랑인데 어디서 찾는다고 말인가. 사랑 자체인 당신은 이미 존중받고 있다.

누군가의 존중이 필요한 것이 아니다. 자신의 마음이 변화하면 주변의 모든 것이 긍정으로 바라보게 된다. 긍정이 긍정을 끌어들이고 사랑이 사랑을 끌어들인다. 자신의 마음이 종일 우울하다면 당신이 만든 것이다. 누구도 당신을 만든 게 아니다. 몇 년을 나 역시 많이 착각하고 살았다. 외부로부터의 충격이 내게로 왔다고 생각했다. 요인을 제거하기 바빴다. 고통이 더 증폭되었다. 존중받을 자격이 있는 자신을 사랑해라. 누구도 당신 삶에 관심이 없다. 존중받기 위해 애절하게 매달리지 마라.

자신을 존중하는 삶은 아름답고 당신을 원하는 곳으로 데려다준다. 존중받기 충분한 당신은 즐겁게 가길 바란다. 사랑이 이끄는 곳으로 가게 된다. 가슴에 사랑이 충만할 것이고 솜사탕같은 달콤함을 맛볼수 있을 것이다. 내가 보는 관점이 세상을 표현한다. 나 자신을 먼저 존중하는 것에서 시작이다. 자존감이 높아지고 하고 싶은 것을 하게 하는 용기를 준다. 자신을 사랑하는 마음은 문제의 해결을 넘어 평온함을 준다. 인생 또한 수월해진다. 매일 나를 존중 해보자. 소중하게 생각되는 자신을 남이 함부로 할 수 없다. 집에 키우는 강아지도 주인이 이뻐하면 다른 사람도 사랑을 준다. 강아지를 애지중지하는 주인의 마음이 보이기 때문이다.

사람은 누구나 세상에 홀로 던져진 하나의 생명체이다. 신비로운 인체의 몸은 경이롭기까지 한다. 잠을 잘 때도 계속 무의식은 돌아가고 있다. 누구나 존중받아야 한다. 가까이 있는 자신을 존중하고 살면 남들도 당신을 존중한다. 존중받으려 애쓰지 마라. 당신이 소중하고 귀하면 저절로 존중해주게 되어 있다. 웃는 얼굴에 화를 낼 수 없으며 온화한 미소에 사람들은 당신을 도울 수밖에 없다. 실험해 보자. 나는 가끔 물건을 사거나 서비스를 받을 일이 있을 때 시도해 본다. 한번도 어긋나는 일이 없었다. 존중받는 느낌이 들어 미소를 짓게 했다. 이미 우리 자체가 존중이다.

자신을 챙겨주고 존중해 줘야 자신을 구할 수 있다.

자신을 존중하면 삶이 자신을 존중한다.

한번뿐인 삶을 디자인하라

"평생 살 것처럼 꿈을 꾸어라. 그리고 내일 죽을 것처럼 오늘을 살아라."
제임스 딘

우리 주변에는 수많은 정보가 넘쳐난다. 다이어트 광고부터 만성질환 등 공포를 판다. 공포를 덥석 받고 해결해 줄 곳을 찾아 나선다. 20대에 나 역시 건강염려증으로 수많은 병원을 전전하며 의사의 말을 그대로 믿어 버렸다. 약을 평생 먹어야 한다는 말을 듣고 처방전을 받아온다. 가까이에 있는 우리의 모습이다. 걱정이 커다란 두려움을 열고 우리를 공포에 몰아넣어 정보에 스며들게 한다. 좋고 싫은 것마저도 강요당하며 살아간다. 한 번뿐인 삶이 수많은 정보로 매몰되고 있다.

하나의 프로그램이 되어 설계된 대로 살아간다. 잠재의식이 하루도 수없이 작동하고 있다. 당신도 모르게 예전 깊숙이 저장해 둔 프로그램이다. 분리된 마음은 타인을 경계하라는 부정어를 남발하게 한다. 자신 안에 부정성이 많이 잠재해 있는 사람일수록 괴로워한다. 공포가 시작되는 시점이다. 자신이 바라보는 세상이 그대로이다. 세상이 변하길 바라기 전에 자신이 인생 설계자임을 잊지 말자. 주체는 당신의 가족도 아니다. 주변인들의 생각은 그저 그들의 생각을 반복할 뿐이다. 라디오를 틀어놓은 것같이 계속 자신들의 이야기를 하고 있다.

만나는 사람 중 타인을 부러워하면서 자신은 못한다고 한다. 그들은 왜 그렇게 생각할까? 자신의 인생 설계에 권한이 없다고 한다. 우리는 모두 목적을 가지고 태어났다. 인생의 목적은 다양하다. 다름을 우선 인정해야 자신을 바로 바라볼 수 있다. 자신의 인생을 타인이 설계해 주길 바라는 사람도 있다. 조정한 대로 움직이길 바란다. 좋다. 과연 행복한 삶일까? 아마 속 터져 죽을지 모른다. 나는 가끔 나대로 산 인생에 희열을 느낀다. 아무도 내 인생 설계도를 바꿀 수 없기 때문이다. 아무도 당신을 조정할 수 없다. 자신 안에 있는 결정권을 남에게 넘기고 푸념한다.

과자 봉지 하나가 우리 손에 들어오기까지 제품은 회사의 설계로 만들어진다. 회사가 물건을 설계하여 만들어 내듯이 당신의 인생을 설계해보자. 멋진 인생을 말이다. 재료와 일정 마케팅까지 모두 당신이 해보라는 것이다. 남의 인생에 훈수 두는 것은 멈추길 바란다. 나는 인생 2막을 설계 중이다. 멋지게 만들어 나가고 있다. 당신도 충분히 할 수 있다. 남과 비교에서 벗어나면 할 수 있다. 내 인생을 남이 보아주지 않아도 된다. 내가 행복하면 된다. 자신이 옳다고 생각하는 것은 행동으로 해보아라.

내 삶을 디자인해 보기로 했다. 우선 가진 것을 정리해 보기로 했다. 지금까지 많은 물건을 사는데, 시간과 비용을 소비하게 했다. 많은 물건은 관리하기 위해 많은 시간과 노력이 필요했다. 정리하고 청소하고 사고 연속 반복된 삶이었다. 물건들부터 하나씩 남기고 버리기로 했다. 옷이 눈에 들어왔다. 입지 않는 옷을 버리기로 했다. 아까워 버리지를 못했던 옷을 버리고 나니 공간이 생겼다. 공간은 채우지 않기로 했다. 신발도 계절별 하나로 줄이고 다 버리고 나니 홀가분하다. 액세서리도 하나만 남기고 보내 주기로 한다. 물건을 정리하며 언제 이렇게 사두고 모았나 놀랍다. 그때는 맘에 들어 사들인 것이다.

얼마 전 앨범을 정리하며 추억의 필름이 지나간다. 과거의 나의 삶이 아련하다. 입가에 미소는 그날의 추억으로 갔다 온다. 분리하고 정리하니 거실에 가득했다. 가위로 자르고 사진 찍기를 5시간 하며 몇 번을 보고 버릴 것을 모아본다. 이사할 때마다 이리저리 옮겨 다닌 것이다. 겉장은 곰팡이도 묻어 있었다. 작업을 끝내고 나니 저녁이 되어 어깨도 아프고 힘들었다. 핸드폰에 찍어둔 사진을 보며 줄이고 또 줄였다. 옮기는 과정에 한 장만 남기고 날아가버렸다. 깜짝 놀라며 눈이 빠지도록 쳐다보아도 소용없었다. 사라진 추억의 흔적에 약간의 허탈감이 밀려왔다. 추억은 추억일 뿐이라는 지금을 살라는 지시를 직감했다. 홀가분하게 그날 밤을 고요하게 보냈다.

첫 번째 가진 물건을 정리해 보는 것은 자신을 변화시키는 중요한 과정이다. 인생을 바꾸기로 결심했다면 가진 물건부터 정리하고 남긴 것을 잘 관리하는 것도 좋은 방법이다. 물건을 관리하느라 들이는 시간을 절약했다. 다음 단계는 자신이 하고 싶은 것이 무엇인지를 적어보자. 할 것과 하고 싶은 것 보고 싶은 것 경험할 것을 적어보자는 것이다. 지금까지 해온 행동을 지우고 다시 인생 리셋을 해야 한다. 우선 아침부터 작은 변화를 주어보자. 일찍 일어나 할 일을 정해보자. 꾸준히 해야 한다. 습관이 굳어 버릴 때까지 해야 계속할 수 있다. 아침에 책을 읽는다든지 운동을 하든지 각자 정하면 된다. 생각과 동시 곧바로 하는 게 매우 중요하다.

나는 매일 아침 블로그에 글을 올린다. 생각을 정리하는 시간이다. 누가 봐주든 상관하지 않는다고 생각하니 자유롭게 써 내려가게 된다. 처음에는 신경이 쓰였으나 지금은 그 마음마저 내려놓았다. 하고픈 것을 꾸준히 한다. 습관은 좋은 방향으로 인도한다. 다른 사람의 의견은 의견일 뿐이다. 신경을 쓸 필요가 없다.

당신의 인생은 자신이 디자인해라. 다른 사람의 의견은 당신을 조정할 수 없다. 집을 짓듯이 설계를 해보라. 그 속에서 사는 자신을 상상해 보라. 행복이 넘쳐나고 자신으로 사는 삶이 진정한 자유다. 타인으로 사는 삶은 진정한 행복일 수 없다. 설계를 자신이 하고 그곳에 일할 사람도 당신이 정하여라. 한계를 모르는 사람들은 타인의 말을 전적으로 다 따르지 않는다. 작은 것 하나 자신의 마음이 가는 대로 믿고 가보자. 자기 삶에 책임을 지고 설계한다면 변수가 생겨도 인정하게 된다.

자신의 인생을 자신감 있게 설계해 보아라. 타인의 생각에 아무 영향을 받을 수 없다. 때가 있다고 선을 긋는 한계는 누가 정한다는 말입니까? 미래의 뭔가를 이루기 위해 지금을 못사는 삶은 불행한다. 적당한 환경을 만든 다음 경험으로 채워보자. 처음에는 힘들고 고통이 따를 수 있다. 낯선 것에 대한 두려움일 뿐이다. 자신이 하는 소리를 듣고 계속 나아가 보자. 두려움은 곧 사라진다.

당신의 인생 설계를 누구에게 맡기겠는가? 맡길 필요 없다. 자신이 좋아하는 것을 자신이 알기 때문이다. 완벽하지 않아도 좋다. 자신에게 맞는 행복한 일은 타인에게 행복을 전달한다. 자신의 삶을 돌아보고 타인이 간섭한다면 무시해라. 자신을 믿고 인생 설계를 만들고 밀고 나아가 보자. 일이 어떻게 될지는 집착에서 벗어나 믿고 가라. 당신을 행복하게 하는 일들은 자신만이 안다. 자신에게 진실해져라. 내면의 소리를 무시하면 당신이 몸과 마음이 괴로워진다.

모든 문제는 마음에 있다. 해결책도 안에 있다. 인생 설계 도면은 당신이 만들고 결심해라. 다른 사람의 의견은 의견일 뿐이다. 매년 연말이면 나는 일 년의 장기계획을 짠다. 큰 목표와 작은 목표를 노트에 적고 이미지와 상상되는 사진을 만든다. 만든 사진들은 모아 핸드폰 앞 화면에 캡처하여 둔다. 핸드폰에 두는 것은 매일 보면서 상상하고 기억하기 위해서다. 잊고 있다가도 핸드폰에 뜬 사진을 보면 한 번 더 기억되어 상상하게 된다. 일 년을 디자인한 나의 인생을 생각하면 행복해진다. 상상하면 이루어진다는 것을 믿는다. 생각이 모든 창조물을 만들어 낸다.

멋진 당신의 인생을 디자인해 보길 바란다. 매년 상상하며 디자인된 삶은 현실에 펼쳐졌다. 순간 깜짝 놀라기도 했다. 지금은 당연하게 생각한다. 내 삶을 디자인하고 상상하면 계획한 삶 속에서 살게 된다. 당신이 디자인하고 상상한 삶은 현실이 된다. 현실은 과거 당신이 상상한 결과물이다. 끔찍하지만 믿어야 한다. 지금의 당신은 과거 당신의 생각이다.

당신이 만든 세상이 당신이 바라보는 세상이다. 지금 살고 있는 삶은 당신이 생각하고 디자인한 인생이다.

경험 법칙은 완벽하다

"경험이 없는 사람에게 중요한 일을 맡기지 마라."
그라시안

사람들은 하지 못한 것을 후회한다. 많은 성공자는 일단 시작하라고 한다. 이 말은 백 퍼센트 맞는 말임이 틀림없다. 망설이는 동안 세월은 가버린다. 하지 못한 데는 이런저런 이유가 많이 있다. 세상은 당신을 기다려주지 않는다. 죽음의 문턱에서 후회가 없어야 한다.

늦은 나이 해외에서의 경험들은 결심했기 때문이다. 생각을 너무 많이 하면 더 어렵고 안 되는 일만 나열하게 된다. 앞으로 나가지 못하는 악순환이 벌어진다. 완벽하게 준비된 사람들도 있지만 나와 같이 시작부터 한 사람도 있다. 시작은 크고 작은 경험을 만든다. 쌓인 경험은 누구도 훔쳐 갈 수 없는 시간이다.

처음 블로그 글을 쓰기 시작했을 때 글은 내 영역이 아니라고 생각했다. 그림에는 관심이 많았으나 생각을 글로 옮기는 작업은 내게 먼일로 잠재의식에 있었다. 원인은 잘 쓰고 완벽에 가까워지려는 생각이 작용했다. 연구 논문들은 박사님이 쓰시면 된다. 나는 생각을 바꿔 먹기로 한다. 작은 내용이라도 좋으니, 글을 써보자는 작심을 한 것이다. 시작을 어디서 할지 고민한다. 블로그를 매일 작성해 보기로 했다. 씨를 뿌릴 글 밭을 본 것이다. 글에 대해 누가 뭐라 하면 불안한 마음도 있었다. 나의 많은 생각일 뿐이었다. '주제는 무엇으로 할까?'부터가 난관이었다. 일상을 적어보기로 했다. 매일 하는 습관의 중요함을 알기에 쉬지 않고 했다. 지금은 1년도 안 되어 250개의 글이 올라와 있다. 실로 놀라울 일이다. 조금씩 써 내려간 블로그 글들은 나에게 자신감을 주었다. 독자가 감명받았다고 공감을 해주면 가슴이 벅차기도 했다. 경험은 이렇게 또 다른 방향을 제시해 준다.

경험이 주는 효과는 정말 이렇게 크다. 생각에서 끝나버리면 아무 일이 일어나지 않는 건조한 삶이다. 주어진 삶을 죽기만 기다리며 살기에는 재미있는 일들이 많다. 책이건 주변서 본 흥밋거리는 한번 경험을 해보자. 무슨 일들이 당신에게 일어날지 아무도 모른다. 나는 해외에서 일을 할때 많은 일들이 내게 벌어졌다. 놀랄 일부터 나를 힘들게 한 사건들까지 다채로웠다. 저항하고 싶은 일들도 있었다. 마음이 아픈 일도 많이 있었지만 감사한 일도 많았다. 시작을 안 했더라면 스쳐 갈 경험들이다.

내 앞에 주어진 일들에 경험이라는 선물을 받아 보아라. 첫발이 두려운

가? 누구든 변화를 주는 것은 매우 힘겨워한다. 지나고 나면 별거 아니라고 당신들도 느낀 것들이 있었을 것이다. 삶이라는 여행을 떠나보자. 떠나오는 길이 후회와 고통이 따른다 해도 새로운 세계가 흥미롭지 않은가? 경험 속에 좋고 나쁘고는 없다. 기준은 어디서 나오는가? 단, 당신이 좋아하는 경험을 해보길 바란다. 경험하며 행복한지를 알게 된다. 당신에게 맞는 것을 찾으면 된다.

경험은 완벽하다. 때로는 경험에서 오는 실수를 걱정한다. 경험하다 보면 의도와 다른 방향에서 오는 시행착오가 많은 깨달음을 준다. 인생의 길을 잃었을 때 엄청난 일들이 일어난다. 다채로운 인생 경험은 기쁨을 주고 희열을 준다. 걱정하지 말고 나아가 보자. 변화를 주는 첫걸음은 작은 변화의 시작이다. 수호천사가 기다리고 있었나 싶을 정도로 의아하기도 한다. "가보니 그곳이 보였다."라는 말이 있다. 경험이 없이는 창조적 결과물을 얻기 어렵다.

경험을 위한 노력은 과거를 바꾸는 것이다. 과거의 삶에서 머문다면 자신을 성장시킬 수 없다. 과거를 바꾼 데서 시작이다. 늦었을 때라도 괜찮다. 작은 것부터 과거의 자신을 바꿔보는 것이다. 천천히 조금씩 바꾸어 보자.

시작은 자신이 좋아하는 것을 쫓아가보자. 남과 비교하지 말고 자신이 원하는 것을 찾는 것이다. 과거의 트라우마가 있어 변화가 어려운 당신이라면 과거와 반드시 이별해야 한다. 과거를 끌어안고 있다면 아무 의미 없다. 과거의 영향을 주는 주변인들로부터 떠나야 한다. 새로운 환경에서 경험은 당신을 단단하게 만든다.

많은 사람이 과거에 묶여 나오지를 못하고 있다. 자신이 가둔 굴레다. 아무도 당신을 막을 수 없다. 신념이 강한 사람은 자신을 사랑하며 앞으로 나아간다. 주변의 눈치를 보지 않는다. 남의 삶을 쫓느라 당신의 경험을 무시하게 된다. 경험은 습관이 되면 거대한 일들이 일어난다. 작은 경험을 성실히 해나간다면 자신이 하고자 하는 길에 이른다. 많은 경험은 많은 깨달음을 낳기도 한다.

생각이 물질을 만들어 낸다. 경험을 통해 우리는 위대한 창조물을 만들어 낸다. 시작은 경험이다. 경험은 위대한 물질을 당신 앞에 놓이게 된다. 염려하고 걱정할수록 당신은 아무것도 할 수 없다. 걱정하지 말고 마음 가는 대로 경험을 해보길 바란다. 사람들은 지혜로운 삶을 살고 싶어 한다. 자신을 믿고 가치를 두고 나아간다면 경험이 주는 행복이 지혜로운 삶이다.

시작이 두렵다면 당신이 주변을 의식한다는 증거다. 우리의 경험은 남에게 보이기 위한 것이 아니다. 당신 자신을 위한 것이다. 주변 의식은 던져

버리고 자신의 믿음으로 가라는 것이다. 예전에 나 또한 주변 의식을 하느라 시작이 매우 힘들었다. 왜 그랬는지 원인을 몰랐다. 지금은 매우 단순하다. 시작하기 위해 자신에게 초점을 맞추니 수월해졌다.

시작을 빠르게 하고 싶은가? 하고 싶은 경험을 하기 위해 방해 요소부터 제거해야 한다. 제거된 요소는 당신을 앞으로 못 나가는 결정적 요소이다. 왜? 자신이 하지 못하는지를 글로 써보길 바란다. 10가지를 써 내려가다 보면 웃음이 나올 것이다. 당신이 만든 것이기 때문이다. 당신이 만든 것을 당신이 제거하는데 어려울 건 없다. 초보들도 할 수 있을 것이다.

아무에게도 말하지 말고 시작해 보라. 주변에는 당신의 발목을 잡는 사람들이 많다. 즐겁게 조용히 시작해 보아라. 가슴에 열정을 품고 나가다 보면 당신은 깜짝 놀란다. 된다는 마음으로 가다 보니 길이 보이고 환상적인 일들이 생기기 때문이다. 남의 의견도 중요하기에 앞서 당신의 믿음이 더 중요하다. 믿음으로 살살 경험을 타고 가다 보면 흥미로운 일들이 기다린다. 아무도 모르게 은밀하게 해보길 바란다.

경험이 주는 행복은 완벽하다. 경험이 주는 여정 속에서 도미노 현상이 일어난다. 할 수 있다는 믿음으로 당신이 원하는 것을 따라가 보자. 분명 좋은 일들이 일어난다. 경험이 주는 행복은 무엇과 바꿀 수 없다. 주변 충고는 그들 것으로 받아들여라. 그래야 앞으로 나간다. 살면서 하는 경험들은 당신의 뇌에 축적된다. 아무것도 하지 않으면 아무 일도 일어나지 않는다. 우리에게 오는 경험들은 거부하지 말고 따라가 보자. 경험에서 파생되는 일들이 어디로 튈지 아무도 모른다. 단 경험이 주는 법칙은 완벽할 만큼 결과물을 준다.

해외에서 8년을 지내며 많은 모험을 했다. 많은 경험을 하겠다는 나의 집념이 불을 지폈다. 누군가 내게 손을 내밀면 가보자는 마음이 컸다. 그림을 배우고 플라워 스쿨에 다니게 된 것은 많은 시도를 해보자는 결심이었다. 마음을 먹자, 내 앞에 현실이 벌어졌다. 우크라이나 화가에게 그림을 배우고 일로 가게 된 영국에서 플라워스쿨를 가게 되었다. 그때 흥분되었던 감정은 지금도 잊지 못한다. 그뿐이 아니다. 해외에서 일어난 놀라운 일은 지금도 가슴이 두근거린다. 많은 경험은 두려움의 강도를 약하게 해주었다. 경험 속에서 일어나는 공포가 편집되고 고요가 밀려왔다. 경험해 보니 우리가 공포로 다가온 일들은 잔잔한 파도와 거센 파도였을 뿐이다. 거센 파도 또한 지나갔다.

경험은 완벽하게 내 앞에 결과물을 주었다. 시작이 당신을 어디로 데려가도 가보길 바란다. 그곳에는 의외의 현실이 펼쳐지기도 한다. 계획대로 되지 않아서 더 좋을 수도 있다. 내 경우도 계획대로 되지 않아서 일어난 일들이 더 좋은 결과를 주기도 했다. 해보고 싶은 것을 다 해보길 바란다. 깜짝 놀랄 일들이 틀림없이 당신을 이끌 것이다.

내 인생은 경험에서 오는 공포와 두려움을 삭제하고 사랑만 남겼다. 경험은 지금도 진행 중이다. 경험에서 오는 실수를 교훈으로 삼을 때 현명한 사람으로 거듭난다.

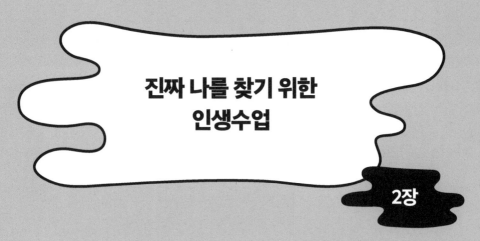

진짜 나를 찾기 위한
인생수업

2장

우리가 일 년 365일 다이어트를 하는 이유

"내면의 정신태도를 바꾸면 삶의 외적 양상을 바꿀 수 있다."

우리는 태도를 바꾸고 변화를 하고 싶어 한다. 타인의 삶을 보고 닮고 싶어 한다. 날씬하고 아름다운 여자를 보면 부러워하며 다이어트를 하려고한다. 채소와 과일을 사고 미래의 모습을 상상하며 즐거워한다. 당장 꿈에그린 모습의 멋진 여자가 될 것만도 같다. 책을 읽고 네이버에 검색하여 다이어트 방법을 찾기 시작한다. 야채만 먹은 지 이틀, 슬슬 기운이 없어 늘어진 자신을 본다. 결정했지만 내 안의 마음은 준비가 덜 되어 유혹에 시달린다. '오늘은 먹고 내일부터 할까?' 하며 혼자 누군가와 의논하기 시작한다. 식탁 위의 초콜릿을 발견한다. 한 조각은 괜찮을 거라고 하며 먹어보니신세계다.

다이어트 사업이 과거나 지금이나 잘 된다. 인간의 마음을 잘 이용해 돈을 버는 사업이다. 되고 싶은 모습을 그리지만 매번 무너진다. 포기하는 심정으로 울며 빵을 먹어 버린다. 그리고 후회를 반복한다. 내 안의 자신과 일치가 안 되어 힘겨루기를 한다. 우리는 기간을 두고 시도하다가도 주변 상황에 무너지기도 한다. 내 주변도 일 년 365일 살 이야기를 한다. 이래야 한다며 계획들을 늘어놓는다. 여전히 쉼 없이 하는 다이어트다. 그들은 바꿔는 것은 없다.

간단한 예로 다이어트를 생각해 보았다. 당신은 왜? 계속 그 짓을 하는 자신을 바라봐야 하는지 의문이 생긴다. 당신의 내면 그자가 자꾸 속삭이는가? 당장 관두고 싶어도 계속 일어나는 마음이다. 우리는 이 마음을 근본부터 파헤쳐야 한다. 당신을 조정하는 그 사람을 정면으로 보고 말해보아야 한다. 우리의 내면에는 참 자아와 가짜 자아가 있다. 하루도 몇 번을 지껄이는 자, 당신이 무엇을 하려 하면 방해를 놓는 에고가 있다.

다이어트를 시도하려는데 주변 때문에 못하겠다고 슬쩍 남에게 돌려 본적 없는가? 마음먹은 대로 되질 않아 애써 부인하고 싶어진다. 근본 원인을 알아보자. 에고가 그토록 매번 자신을 흔들어 놓은 정체를 말이다. 원인을 찾아나가는 습관은 우리에게 득을 준다. 매번 다이어트에 실패하는 그놈은 누구인가? 인간은 습관의 동물이기도 하다. 찾았다. 습관이 주범이다.

무의식 속에 잠재해 있는 당신의 습관이다. 우리 안에 나도 모르게 프로그래밍하여 돌아간다면 당신은 어떻겠는가? 당신이 매번 실패하는 다이어트는 당신 잘못이 아니다. 계속하던 습관을 하라고 당신 안에서 이루어진 것이다. 다이어트에 좋은 것을 사러 당신은 마트에 간다. 마트 안은 화려하다. 온갖 유혹을 한다. 당신은 다짐했기에 냉정하게 지나친다. 살 것만 사기로 하고 둘러본다. 시식 코너 아줌마가 만두를 권한다. 무의식중 자신도 모르게 하나 먹는다. 입안에서 살살 녹는다. 따스한 미소로 만두를 권하는 아줌마, 당신은 목적을 잊어버리고 만두 한 봉지를 사서 나온다. 마음은 기쁘다. 집에 가서 구워 먹을 생각을 하니 입 안에 침이 고인다. 많이 해본 것의 반복이 습관들이다.

자신 안에 프로그래밍 되어 있는 것을 바꿀 수 없을까? 원인을 제거해 보기로 하자. 내 안에 도사리고 있는 말랑말랑한 생각들을 보자. 집에서 나가서 돌아오기까지 많은 생각을 한다. 생각은 곧 행동하게 한다. 종일 수없이 믿지도 못할 생각에 갇혀 당신의 행동을 제한다. 자책도 하며 힘들었을 당신을 이해한다. 그만하길 바란다. 당신의 책임이 아니다. 자신 안에서 당신을 조정하는 에고를 우리는 바라볼 필요가 있다.

문제가 발생했을 때 문제를 보고 고민하는가? 문제에 앞서 자기 내면의 생각들을 살펴보길 바란다. 자신이 의도하지 않은 일들에 저항도 하고 받아들이기도 한다. 협상은 타인과도 하지만 자신과 하는 협상이 가장 중요하다. 만두 판매대에서 만두를 사 온 자신을 바라보자. 타인에 의해 당신은 넘어갔다고 생각할 것이다. '아줌마가 유혹만 하지 않았어도…'라고 지껄인다. 우리가 문제에 집중하게 되면 문제에서 못 벗어난다. 다이어트라는 문제를 가지고 있는 이상 당신은 계속 반복할 수밖에 없다. 당신 안의 에고는 당신이 문제를 벗어 버리기까지 계속 문을 두드릴 것이다. 문제에 직면해 있을 때 더 큰 문제에 힘든 적 없는가? 문제에 집착하여 매달리는 음식만 당신 앞에 보일 것이다. 하루 종일 다이어트에 대해 생각하고 있다고 해보자. 먹어서는 안 될 음식을 먹는다. 후회하고 반복한다.

백화점에 간다. 원피스 하나만 사려는 마음으로 간다. 도착해 보니 눈에 띄는 옷들이 유혹한다. 이것저것 다 입어 보고 다 사고 싶다는 생각이 든다. 점원의 너무 이쁘다는 말에 입은 옷을 다 계산대로 가져간다. 매번 같은 행위를 반복하고 있다. 집으로 돌아온 자신은 후회하고 같은 옷을 산 것을 알고 괴로워하기도 한다. 자책을 살짝 하며 자신을 위로한다. 변명거리를 만든다.

문제에서 벗어나려면 우리 안의 에고를 잘 살필 필요가 있다. 나와 줄다리기를 하는 자이다. 다이어트라는 문제보다 건강하다는 긍정으로 시작해보자. 무조건 살을 빼어 결과물을 얻기보다는 문제를 긍정으로 다가가 보자는 것이다.

다시 마트로 들어 가보자. 당신은 건강한 아름다움을 지닌 사람이다. 생기도 있을 것이고 얼굴에는 미소가 있어 마트 안을 들어가는 당신은 기분이 좋다. 살 것을 탐색하며 둘러보자, 만두 시식 코너가 보이고 알맞게 튀겨진 기름이 자르르 흐르는 군만두, 아줌마가 권한다. 건강한 아름다운 당신은 감사하다는 미소를 지으며 지나친다. 건강한 당신은 기름에 튀긴 음식이 당신과 맞지 않다는 것을 안다. 생각할 필요가 없다. 샐러드와 약간의 고구마와 과일을 사서 나온다. 집에 와서 고구마를 찌고 샐러드에 차를 준비한다. 마음이 상쾌하다. 마트에서 머무는 시간도 단축되었고 돈도 절약되어 좋다. 건강한 음식들을 먹은 당신은 잠자리도 편안하게 가질 것이다.

다이어트에 불필요한 식품들을 알아차리고 삭제 버튼을 누른다. 자신의 하루를 다이어트의 최적 상태로 편집되어 만족한다.

내면에서 충돌하는 다이어트를 방해하는 에고와 그만 싸우고 침착하게 당신을 인도하면 된다. 외부의 문제로 속상하다면 에고를 달래주자. 당신은 세상에서 가장 아름답다고 말이다. 우리는 자신 안의 모든 것을 받아들이고 길들이며 품고 갈 필요가 있다. 당신이 아니면, 누가 해준단 말인가 없다 자신밖에 없다.

이제는 자신을 높이 올려 두었다. 에고를 잘 다룬다면 당신의 삶이 좀 더 밝아지고 사랑으로 가득 찰 것이다. 고요하고 평온해진 내면의 자아를 사랑하고 높게 두고 시작한다면 당신은 용기가 생길 것이다. 사람 마음이 간사하다는 것은 에고의 마음이 반영되어 그렇다. 살면서 자신의 마음을 잘 들여다볼 시간적 여유만 주어도 문제가 될 일은 없다. 모든 문제는 당신 안에서 자신도 모르게 발작하는 에고의 행동이다. 자신을 더욱더 사랑해 주고 인정한다면 문제가 잠잠해짐을 느낄 것이다.

누구의 탓으로만 생각하고 사는 삶에서 자신의 에고를 관찰한다면 하루가 훨훨 나는 기분이 된다. 자신을 높이 올려 두어라. 아무도 당신을 끄집어 내릴 사람은 없다. 오직 자신뿐이다. 자신을 바로 보고 간다면 누구도 당신을 방해할 수 없다. 관심이 없다고 해야 맞을 것이다.

자신도 모르게 무의식적으로 한 행동을 알아차릴 수 있다. 똑같은 실수에서 벗어나려면 무의식을 들여다보아야 한다. 무의식을 들여다보며 편집하고 싶은 부분은 편집한다. 자신이 어떤 짓을 하고 있는지 관찰하면 편집할 수 있다. 내가 누구이고 무엇을 생각하는지 알아야 한다. 생각만 하고 관찰하지 않는다면 뇌는 계속 방향성을 잃고 무의식중에 행동을 유발한다. 당신이 다이어트를 결심하고 배달 음식을 시켜버리는 오류를 방지할 수 있다.

귀하고 아끼는 당신의 몸이 건강하길 바란다. 계획한 마트에 갈 때 삭제

하고 싶은 코너를 삭제해 보면 어떤 것이 당신을 반갑게 맞이하는지를 볼 수 있다. 마트에 들어간 순간 동영상이 돌고 있다. 당신이 편집할 곳을 정하고 들어가 보자.

무의식을 들여다보며 잘라내고 싶은 부분을 편집하여 가장 최적의 상태를 만들어 보자. 내면의 행동을 알아차리고 바꾼다면 원하는 것만 남게 된다.

변화의 흐름에 올라타라

"아무것도 바꾸지 않으면, 아무것도 변하지 않는다."
- 토니 로빈스

1년 만에 미용실에 갔다. 거울을 보며 내 모습을 점검한다. 예전에는 아무 머리 스타일을 해도 자신이 이뻤을 때가 있다. 그 시간이 훌쩍 지나간 거다. 거리를 지나면 젊은 친구들이 이뻐 보인다. 이럴 때면 나이를 먹어간다는 말이었다. 맞다, 나는 늙어가고 익어가고 있다. 얼굴은 늘어지고 이마에는 주름이 잡혀 있다. 머리를 자르면 산뜻해지려나 기대하고 머리를 맡겨본다. 변화를 받아들이기로 한다.

시간은 오늘도 계속 흐르고 있다. 누구나 시간을 도둑맞았다고 한다. 시간이 많다고 하는 사람, 시간이 없다고 하는 사람이 있다. 시간이 없다고 하는 사람들은 자신이 만든 것이다. 우리는 시간의 소중함을 간과한다. 바쁘면서도 무엇을 했는지 모르기도 한다. 일을 하며 바쁘다고 한다. 우리는 시간을 판다. 종류도 여러 가지이다. 시간을 팔고 돈을 받는다. 받은 돈으로 생활한다. 죽을 때까지 일만 하다 가는 사람들도 있다. 자신이 왜 그랬

느지 모르는 사람들도 있다. 생각해 보라 시간의 주인은 당신이다. 자신을 잊어버리고 타인의 삶에 초점을 두고 산다. 그래서 바쁘다. 당신의 삶에 집중 못하고 타인의 삶과 비교하고 쫓아간다.

지인이 재테크로 돈을 많이 벌었다면 마음이 급해지면서 비교하며 당장 할 것 같이 행동을 취해본 일이 있다. 인터넷을 뒤지면 흥분된다. 자신을 보고 가야 하는 삶이 타인을 보고 가니 바쁜 것이다. 성공하여 고지에 가서도 정작 자신을 위한 삶인가를 살펴보기도 한다. 지금 당장 타인의 삶에서 멈춰 보길 바란다. 가족이 될 수도 있다. 본인에게 선택권이 있다는 것을 모르고 지나갈 때가 많다. 타인이 조정하는 삶을 살았는지 지금 점검해 보길 바란다. 바쁘다고 입에 달고 다닌다면 당신은 평생 바쁘게 살게 될지도 모른다.

내 주변 사람들도 가끔 얼굴을 마주하고 보면 바쁘다는 말이 입에 달고 산다. 불과 몇 년 전만 해도 나 역시 그랬다. 일을 만들었다고 해도 맞다. 선택을 내리고 많은 일들에 집중된 것도 문제가 된다. 많은 일들은 당신의 일부분을 앗아가 버린다. 지나온 시간도 느끼기 전에 당신 앞을 지나가 버린다. 삶에 벌어진 모든 것을 다 가지려 하니 많은 시간이 필요했다. 단순하게 정리할 필요가 있다.

당신이 어 하는 사이에 인생은 지나간다. 시간의 의미를 생각할 때조차도 지나간다. 지금, 이 순간도 못 느끼고 과거를 안고 미래를 바라보고 가니 행복하지 않다고 한다. 나이가 들어 후회하는 것 중 가장 많은 것이 그때 하지 못한 것들이다. 왜 우리는 인생의 마지막 길에서 이 생각을 할까? 이유야 만 가지일 것이다. 잘못된 믿음을 믿고 가고 있지 않은가? 자신을 돌아보는 시간을 인생이 지나가고 가진다면 필요 없어진다. 치열한 경쟁선에선 당신 한 걸음만 뒤로 가서 보아라. 보이는 게 많아진다. 보지 못한 당신의 행동을 보며 계속 같은 행동을 하는 자신을 본다. 현재에 머무르며 지금의 당신을 보기로 하자. 당신에게는 바로 지금 선택할 시간이 있다. 당신의 마음이 중요하다.

당신 앞으로 지나가는 인생은 다시는 돌아오지 않는다. 떠나가 버린 기차를 생각해보면, 지금이 얼마나 중요한가. 지금, 이 순간 자신을 위해 한 가지라도 지금 해보아라. 할 수 있는 일들을 해보자. 이 순간을 생각하고 산다면 당신의 인생과 같이 가는 것이다. 나는 순간마다 외쳐본다. 하루가 소중하고 지금, 이 순간밖에 없다고 생각한다.

행복을 위해 좇고 있는 생각을 점검해보자. 당신을, 무엇을 위해 인생을 낭비하고 있지는 않은지 말이다. 모든 초점을 '나는'에서 시작한다면 분명한 길을 갈 수 있다. 강력한 힘이다. 지금 삶에 후회하지 않는다면 당신은 잘 산 삶이 된다. 바쁨을 넘어 고요에 가서 당신을 보자. 내면을 돌보며 간다면 당신의 삶은 하루가 행복할 수 있다. 당신 뜻대로 인생을 살 수 있다. 원치 않는 대상에 집중하는 행동을 멈추고 원하는 곳으로 보고 가야 한다. 자신의 운명을 선택하는 것은 자신뿐인 그것을 명심하자.

우리는 어떻게 살든 인생이라는 레이스에 올랐다. 각자의 인생에 책임감을 느끼고 순간을 선택하며 간다. 당신은 선택이 힘들었을지도 모른다. 자신이 생각한 대로 인생이 간다면 얼마나 편할까? 선택을 하고 집중하는 삶은 바쁘지 않다. 하루 중 당신이 한 일 중 자신을 위한 삶이었나 점검해 보길 바란다. 자신이 하고 싶지 않은데 타인의 지시를 따른 것이 있다면 시간을 낭비했다고 생각한다.

당신의 바쁨을 해결하는 방법이 있다. 일을 단순화 시켜보자. 하루 중 자신이 하는 것을 간략하게 단순화 시켜보고 정리를 해보자. 필요하지 않은 하지 않아도 될 일들이 반은 차지한다. 나는 모든 것을 단순화시킨 뒤로 입에서 바쁘다는 말을 덜 하게 되었다. 두려움으로 제 일이 아닌데 찾아 하는 사람들이 많다는 걸 주변에서 보게 되었다. 타인은 그런 당신에게 고마워하지 않은 경우가 많다. 알아주지 않는다고 섭섭할 필요가 없다. 당신 일을 한다고 화낼 사람은 없다.

인생을 할 수 없다고 바라보는 안타까움은 필요 없다. 자신의 인생을 보고 가야 한다. 당신이 자신의 인생을 소중하게 생각한다면 타인도 응원할 것이 확실하다. 마지막 레이스를 끝내고 자신이 사랑하는 일을 한 것이 옳았음을 알게 될 것이다. 언제나 중심은 나로 시작하여 나로 끝나는 게 맞다. 내면의 내가 좋아하는 일을 한다면 인생이 즐거워 주변도 살피게 된다.

자신에게 단 하나밖에 없는 인생을 소중하게 다뤄 주자. 그래야 당신의 인생을 타인이 함부로 하지 못한다. 인생이 지나가게 이제는 두지 말아야 한다. 나중 후회해도 아무 소용이 없음을 알아야한다. 인생의 반을 지나온 시점에서도 지금 이 순간이 매우 중요하다.

가진 것의 많은 것을 줄여 나갔다. 물건부터 사람까지 소중한 것만 남겨 두기로 했다. 소중한 것에 집중을 하고 싶었다. 누구도 당신의 삶에 제한을 둘 수 없다. 당신의 삶을 사랑하며 위로하며 잘 산다면 인생은 축복이 된다. 변화된 삶에 자연스럽게 올라탄다면 인생도 수월하게 풀려나간다.

요즘 들어 나이가 드신 분들의 삶이 눈에 들어온다. 나도 나이를 먹고 있음을 알게 된다. 피하고 싶지만, 어느덧 다가온다. 저분들 역시 살다 보니 이 나이가 되었다고 할 것이다. 잘사신 분들을 보면 존경하고 싶은 마음이 생긴다. 지금 키워드는 '노화를 늦추다'가 뜬다. 지금 30대가 노화가 빠르게 진행되고 있다는 뉴스를 접한 적이 있다. 생명이 길어지고 어떻게 건강하게 살 것인가가 초관심사이다. 운동하고 건강식품을 먹으며 노화가 늦춰지길 바란다. 천천히 늙었으면 하는 마음이 있다.

다가오는 신체 변화를 받아들인다 해도 오래 살고 싶은 게 사람의 마음이다. 오래 건강하게 사는데 관심이 많다. 내가 생각하는 멋진 삶은 나이를 먹어도 하고 싶은 것을 하고 사시는 분들이다. 나이 드셨다고 못할 것은 따로 없다. 인생은 당신을 기다려 주지 않는다는 것이다. 다른 사람을 따라 하기보다 자신이 좋아하는 것을 하면 된다. 변화의 흐름에 얼마나 빨리 올라타는 게 노화를 늦추는 지름길이다.

시간을 팔지 말고 사는 사람이 되어 보자.

노화에 노여워 말고 천천히 변화의 흐름에 올라 타보자.

상대의 반응을 지켜보면 문제는 해결된다

"있는 그대로 사랑하라."
루이스 L. 헤이

7월 첫째 주말이 오다. 선선하고 맑은 하늘은 나가고 싶은 충동이 일어나게 한다. 지인에게 연락하여 서울숲에 가보자고 했다. 돗자리를 깔고 누워 하늘을 보며 소풍을 즐기고 싶었다. 우리는 3시 서울 숲에서 만나기로 약속했다.

신경을 써 화장을 마치고 나니 시간이 금방 갔다. 하늘거리는 원피스를 입고 급하게 전철 타는 곳으로 갔다. 한 통의 문자가 온다. 송파나루에 유명한 빵집이 있으니 빵 하나를 사서 오라는 문자였다. 문자로 한 장의 사진도 보내 주었다. 유명한 빵집임이 틀림없다. 매장과 빵 사진이 침샘을 자극한다. 마침 가는 전철노선에 있어서 흔쾌히 그러겠노라 한다. 9호선 일반을 타다 급행을 갈아타 보니 약속 시간이 임박해 온다. 이때 마음을 저울질한다. 시간이 늦어서 그냥 간다는 마음, 그래도 얼마나 먹고 싶었으면 사오라 했을까 하는 마음 사이에서 잠시 갈등했다. 가기로 한다. 역을 나와 한참을 가야 하는 빵 가게, 이왕 이리된 거 기쁜 마음으로 가기로 한다. 도착하니 긴 줄이 서 있다. 바나나 모양의 빵에 크림을 얹어 하나 사고 나온다. 깔끔한 실내장식에 젊은 사람들이 꽉 찬 매장에서 빵과 커피를 마시고 있다. 계산대의 스텝들도 분주히 움직인다. 시간 내서 한번 와봐야겠다고 잠시 생각한다. 매장을 사진으로 한 장 남기고 밖으로 나온다.

서로 짜증이 폭발할 수도 있으나 반응을 지켜보기로 한다. 한결 마음이 차분해진다. 차분하고 안정적이면 상대에게 화가 나는 강도가 약해진다. 누구나 마음은 내면에서 요동치고 있다. 매일 선택의 연속이다. 일어난 일들에 긍정으로 받아들이고 가면 내면으로 갈등을 일으킬 필요가 없다. 상대의 마음을 너무 살핀다면 피곤하고 당신이 하는 행동에 제약받게 된다.

있는 그대로 바라보자는 나의 마음이다. 빵을 보며 그녀가 좋아할 모습의 행복을 상상한다. 그 사이 지인이 문자를 보낸 걸 보지 못했다. 성격이 급한 그가 여기로 온다는 메시지였다. 뭔가 꼬이고 있었다. 서울숲으로 가던 길을 돌아 다시 지인이 있는 석촌 호수로 간다. 저 멀리 보니 지인은 돗자리를 깔고 앉아 있었다. 우리는 식혜와 커피를 마시며 아무 일 없던 것으로 돌아갔다. 사 온 빵을 맛있게 행복하게 먹는 지인을 보고 봄바람처럼 화는 날아간다. 우리는 그날을 기억할 것이다. 비록 오가고 약간은 번거로울수 있으나 즐겁게 보낸 것이다. 석촌 호수를 끼고 돌며 잔잔한 이야기들을 주거니 받거니 했다. 아무 일 일도 일어나지 않는 하루가 된 것이다.

관계가 부드럽지 못했을 때는 상당이 이런 상황이 화가 치밀고 에너지 소진이 되고 만다. 저항하려는 노력은 하지 않았다. 모든 게 일어나는 현상을 지켜본 것이다. 일어날 일들은 일어난다고 하지 않는가? 반사적인 행동으로 막으려 해도 말이다. 이럴 때 우리는 할 수 없구나! 낙담하게 된다. 있는 그대로 일어 난 일들에 받아들일 때 고요가 밀려온다. 시간은 지났지만, 기쁜 마음으로 간 것이다. 가면서 색다른 곳의 핫플래시를 보며 재밌거리를 주었다. 요즘 젊은 사람들의 기호도도 살필 수 있어 좋았다. 일어난 일들에 우리가 어떻게 생각하는 것에 외부 세상이 변한다.

나는 성인군자가 아니다. 감정에 에너지를 소비하고 싶지 않았다. 다시 필름을 돌려 보자. 서로 잘못한 게 아닌데 꼬여 일어난 일에 시비를 늘어놓았다면 긴 시간을 힘들게 보냈을 것이다. 끝나지 않을 부정적인 이야기는 과거의 불만까지 나오게 된다. 서로의 주장은 진실인 게 무엇인가? 과연 진실을 밝힐 수 있는 건가? 서로의 상처까지 건드리는 오류에 휩쓸린다면 관계 회복에서 벗어날 수 없다. 서로의 마음에 가시가 하나 박히게 되어 남을 탓하며 원망하게 된다.

하루가 지나 그날 일들을 생각하면 미소가 번진다. 아무것들도 아닌 일들에 분개하고 화를 폭발한다. 자신 안에 담아둔 폭발물을 타인에게 던지게 된다. 이유 없이 받게 된 타인은 가끔 어리둥절하기도 한다. 무슨 이유로 맞았는지도 모른다. 여기서 갈등이 증폭된다. 가만히 내면을 보라 자신이 불안하고 부정적일 때는 같은 일인데도 화가 더 났을 것이다. 고스란히 그 피해는 누군가에게는 가게 되었다.

너무 바쁘게 돌아가는 시대, 지켜볼 시간적 여유가 없다고 한다. 그러나 그걸 아는가? 당신이 바쁘다고 계속 저지른 행동은 반복된다는 것을 말이다. 타인과 충돌로 더 많은 시간을 뺏기게 된다, 생각해 보자. 작은 마찰로 바로 반응을 해버린다면 결국 서로 시비를 가리는 에너지 소비를 하고 만다. 어색한 관계에 당신은 괴롭고 관계 개선을 하고 싶을 것이다. 바쁘다고 한 우리는 불필요한 시간을 써야 한다.

무슨 일이든 갈등의 초기 일어난 일들에서 상대의 마음을 바라보자. 어떻게 움직이는지 보자는 것이다. 외부의 세계를 당신이 온몸을 바쳐 막아낼 길은 없다. 상대의 마음도 막을 수 없다. 우리가 할 수 있는 것은 아무것도 없다. 문제들을 지켜볼 뿐이다. 문제는 가는 방향으로 흘러갈 것이다. 상대의 흐름대로 흘러가게 두고 보는 것으로 평온이 온다. 반하는 행위를 했을 때 일들이 요동친다. 감정을 지켜보는 것은 대단히 중요하다. 모든 관계는 원활해지는 것과 동시에 문제될 일들이 없다. 외부 세계를 조정하려

할 때 내면의 갈등은 시작된다.

이미 엎질러진 물을 수습하기 바쁘다. 무심코 던진 독한 말에 상대는 상처를 입었다고 한다. 에너지의 흐름에 순응하지 않는대서 시작된 불씨는 모두를 힘들게 한다. 시간을 두고 아니 몇 초만이라도 바라보는 연습을 한다면 그만큼 에너지 쓸 일들이 없어진다. 지나고 나면 서로가 후회한다. 이해 못할 일들은 세상에 존재하지 않는다.

상대를 바라보는 여유는 마음의 여유가 있어야 한다. 여유란 어디에서 나올까? 혼란에 휩쓸리지 않기 위해서는 자신이 중심에 서 있어야 한다. 나라면 저 상황에 어땠을까를 생각해 보자. 마음의 간격이 일어난다. 간격 사이로 분리되는 마음을 버린다면 상대를 측은지심으로 바라볼 수 있다. 서로가 상처받지 않고 우리는 문제를 해결할 수 있다. 문제가 흘러가게 서로 간의 간격을 두고 보자. 상대의 화는 가라앉는 동시에 나의 화도 날아간다. 봄바람을 타고 날아간 화를 지켜보자. 시간이 지난 후에 한 점으로 당신 마음속에서 상영될 뿐이다.

있는 그대 상대를 사랑해야 모든 문제는 사라지고 상대의 마음을 녹일 수 있다. 상대의 반응은 나의 내면이 반영된 것이다. 지켜보면 그냥 지나간다.

단순화된 삶이 주는 큰 행복

"모든 것은 더 단순하게 할 수 없을 만큼 가능한 한 단순하게 해야 한다."

가진 것이 많다 보니 줄여보자는 삶의 미니멀 라이프가 뜨고 있다. 불과 몇 년 전 나는 일본의 작가가 쓴 책을 읽고 참 인상 깊었다. 작가는 가진 물건을 최소화하여 사는 삶을 보여주었다. 나 또한 그 삶을 지양하고 실천하고 행복한 여유로운 삶을 살고 있다.

어려울 때 우리는 물건에 대한 집착이 많다. 많은 물건이 부러움의 대상이고 부의 척도이기도 했다. 누군가 나보다 고급스러운 복장을 하면 부러움의 대상이고 추앙까지 하며 따라 하려고 한다. 이쁜 옷에 값비싼 옷을 입었을 때는 자랑을 하고 싶고 인정을 받고 싶어진다. 타인이 부러워하는 모습을 즐기기도 한다. 때가 되면 특별한 순간 우리는 기념으로 뭔가를 소유하고 싶어진다. 당신도 귀하게 여기는 소장품이 있을 것이다. 많은 물건과 복잡한 속에 당신은 어땠나? 해외 생활을 하며 짐을 가지고 이동하다 보니 버리기를 반복한 나를 보았다. 순간 기절할 정도로 반복한다는 것이 놀라웠다. 버리고 사기를 반복했다. 나는 결단을 해야 했다. 모든 것을 단순화 하기로 다짐을 했다.

집안에 물건들을 정리하고 버리고 가진 것을 최대한 단순하게 만들었다. 가진 옷의 색도 몇 가지로 제한하니 단조로운 삶이 주는 효과는 대단했다. 당신이 앉아 있는 주변을 살펴보아라. 나는 내가 있는 반경부터 치워 나가며 단순화 작업을 시작했다. 인간관계도 다시 만들고 다시 정리하여 시작한다. 옷도 외출할 때 단순하게 삼색 안에서 맞추니 나갈 때 덜 신경 쓰게 되어 시간을 절약하게 되었다. 누가 우리의 옷은 여러 종류의 아이템을 갖추어야 한다고 단정을 지은 걸까? 옷 만드는 제작사의 마케팅에 넘어가면 절대 안된다. 나는 좋아하는 것들을 단순화하여 제일가지고 싶은 것들로 남겨두고 정리했다. 그밖에 먹는 음식도 단순화했다. 반찬은 하나 국도 하나 두 가지 반찬 정도로 제한했다. 이렇게 하면 영양결핍이 염려되는가? 우리는 너무 많이 먹어 병이 생긴다는 걸 기억하길 바란다. 나는 10년 전 갑상샘 이상으로 기운이 없고 힘든 시간을 보냈다. 폴란드에 가 있는 동안 산책을 하며 식단을 바꾼 뒤로 약을 버리고 지금은 건강을 찾았다.

하루 중 하는 일들도 단순화 해야 한다. 너무 많은 일들을 하려 하면 반드시 집중하지 못한 것에 문제가 생긴다. 너무 빠르게 처리하려다 일이 얽혀 곤란한 일들도 발생한다. 가슴이 뛰고 긴장된 상태는 당신의 변화를 만들기도 한다. 지인 중에는 하루를 전쟁하듯 사는 삶을 보게된다. 하루 동안 처리할 일들을 빼곡하게 목록으로 적어 이동 간의 거리에 흥분까지도 했다. 옆에서 보면 정신이 혼란스러웠다. 그가 하는 것을 보면 실수가 계속 보였다. 우리는 기계가 아니고, 사람이다. 하루를 복잡하게 완전가동을 한다면 소진될 수 있다. 바쁜 하루 중 당신이 꼭 해야 하는 일을 정리해야 한다. 의무감에 한다면 당신은 곧 무너지고 말 것이다. 어느 순간에 아무 일도 하지 않는다면 정신병자처럼 되는 자신을 볼수있게 된다. 지나고 보면 불필요한 일에 시간을 보냈다는 것을 알아야 한다.

행동에 있어 단순이라는 단어를 생각하고 행동해보자. 복잡해지는 것을 시작부터 잘라버린다. 친한 지인과의 약속도 그날을 위해 한 가지만 잡는 날이 많았다. 비즈니스 관계라면 또 다르다. 외국에서 생활하며 그들과 지내며 약속에 대해 다시 생각하게 했다. 그들은 만남도 쉽게 약속을 안 하지만 그날 그 만남을 위해 진지한 태도를 가지는 걸 알 수 있었다. 자주 만나지는 않지만, 만나는 순간은 행복하며 이야기하며 시간 가는 줄 모른다. 다른 약속을 하여 만나는 사람에게 불안감을 주는 행위는 없었다. 한국에 와서도 내가 좋아하는 지인과의 만남에 하루를 보낸다. 상대가 약속이 있어서 간다고 하면 보내 준다. 나와의 시간은 소중하길 바라면서 인사를 한다. 단지 그뿐이다. 당신은 누군가와 만나고 오는 길에 허탈한 마음을 가진 적은 없는가? 내가 왜 나왔느냐고 하는 말이 맴돈 적 있을 거다. 어떤가? 당신의 시간을 버린 느낌이 들 것이다.

가진 물건도 단순화하고, 먹는 것 만나는 사람들 모두 단순하게 가는 삶이 좋다. 시간이 주는 여유로움과 실수도 줄이는 삶이 된다. 만남이 소중해지고 만남이 기다려질 것이다. 많은 사람을 관리 하려 한다면 삶이 어디로 가는지 모르게 된다. 정신없이 삶을 살다 잠시 고요해질 때 당신은 괴로울 것이다. 고요한 삶이 주는 행복에 익숙하지 않다는 것이다. 맞다. 시간이 주는 익숙함에 우리는 길들어 있다. 내려놓고 삶이 단순화되면 삶에 많은 이득을 준다.

단순화된 삶이 미치는 영향에 대단한 기쁨을 만끽했다. 남들이 바쁘다고 허덕일 때 여유가 주는 행복을 맛보고 차분한 삶이 되었다. 외출 때, 나갈 때 가방 속에 넣고 다닌 물건을 보자. 하루 종일 밖에서 놀다 집에 돌아와 가방을 쏟아보면 한 번도 쓰지 않은 물건들이 차지한다. 우리는 만일을 대비해서 가지고 다닌다. 좋다. 대비하는 것은 좋다. 당신의 어깨는 그만큼 힘든 걸 모르나? 해외 다니며 특이한 것 하나를 보았다. 영국에 있을 때 나이가 드신 어른들이 무거운 배낭 가방이나 쇼핑백들을 들고 다니는 걸 거의 본 적이 없다. 작은 백도 옆에 걷는 자식들과 지인이 들고 가는 모습이 인상적이었다. 우리나라의 어르신과 대조적이다. 무거운 짐 속에는 자식에게 줄 음식이 있을 것이고 정의 문화이니 전해줄 물건들일 것이다. 가방 속이 많이 단순화되었다. 디자인을 비롯하여 안의 내용물도 단순화시켜 자주 쓰는 물건들 몇 가지이다.

집안의 물건들 단순화하니 집으로 들어오는 발걸음이 가볍고 기쁘다. 가벼운 가방을 메고 가벼운 마음으로 돌아다니는 당신의 모습을 상상해 보라. 복잡한 생각도 정리가 된다. 그럴 수밖에 없지 않은가? 물건을 찾는 데 시간을 보낼 필요 없고 가진 물건을 알 수 있게 된다. 찾기도 쉽다고 보는 마음도 정화된다. 복잡한 환경을 단순하게 가져 보도록 해보아라. 가진 물건에 사랑하는 마음을 더해 귀중하게 다루게 된다. 단순화의 장점은 시간의 자유라고 말하고 싶다. 스티브 잡스가 같은 티를 입은 것은 고민에서 벗어나서 일에 열중하고 싶은 데서 시작했다. 단조로운 삶이라 생각할 수 있지만 자신으로 돌아가는 삶의 시작이다.

오늘부터 단순화할 것을 찾아라. 옷장도 열어 보고 가진 소지품도 간결하게 해보길 바란다. 가방 속을 유심히 살펴보고 단순화부터 해보면 좋다. 가벼워진 가방은 당신의 어깨의 피로감을 덜어 준다. 단순화된 삶이 준 에너지와 시간을 당신이 하고 싶은 곳으로 집중해 보자. 삶이 당신을 행복하게 해줄 것이다. 남을 바라보는 여유도 느낄 수 있다. 무소유의 스님처럼 되자는 게 아니다. 물건과 일로 당신의 삶과 시간을 앗아간 방해꾼을 제거하자는 것이다.

단순한 삶을 추구하고서 삶의 변화가 일어났다. 잃어버릴까봐 걱정되는 물건들이 없어 진정 자유를 얻었다. 가끔 사람들과 대화를 나누다 보면 집에 두고 온 고가의 물건들을 걱정한 것을 보았다. 내가 예전에 그랬다. 보석함에든 반지 목걸이와 아끼는 옷과 물품들을 꼭꼭 숨겨 두길 반복했다. 나중에는 어디에다 두었는지 몰라 종일 찾는다. 지금은 걱정할 게 없다. 가지고 있는 가짓수가 준 만큼 걱정도 줄었다. 아끼던 물건을 잃어버렸을 때 충격이 고통을 준다. 계속 잃어버린 물건을 생각하며 힘들어한다.

나는 물건을 사고 버릴 때 무인도에 갔다면 필요한지 상상하곤 한다. 주방에 두는 도구도 편리함을 추구하자면 끝이 없다. 두고 쓰면 편리함에 요리도 하고 싶어진다. 나 역시 주방용품을 사러 갈 때 이쁜 것을 보면 마음이 흔들린다. 누구보다 신제품에 호기심이 많아 편리한 물건들을 예전에는 수도 없이 사들였다. 한때 주방이 가전제품으로 포화 상태가 되기도 했다. 사 올 때 한 번인가 쓰고 구석으로 자라 잡은 주방용품들로 쌓여갔다. 그러나 지금은 물건을 사고 싶을 때 무인도에 있다면 필요한가를 생각하니 가진 것에 감사하게 되었다.

버리고 단순하게 살수록 시간의 자유를 얻었다. 아무 때나 집에 두고 온 걱정거리를 덜고 떠나서 좋다. 물건을 고르는 선택에서 벗어나서 내게로 관심을 가지게 된다. 많은 시간을 자신에게 줄 수 있어 몸과 마음이 건강해졌다. 단순한 삶은 보다 젊게 행복하게 살 수 있다.

단순함은 행복은 물론이고 건강한 삶을 덤으로 주었다.

스티븐 잡스는 "반복해서 외우는 주문 중 하나는 집중과 단순함이다. 단순함은 복잡함보다 어렵다."라고 말했다.

남들이 어떻게 생각할지 그만 걱정하라

"나는 일생에 전혀 발생하지도 않은 일을 걱정하다가 헛되이 보냈다."
-마크 트웨인

우리는 살면서 원하지 않은 결과에 타인을 원망하며 살기도 한다. 앙금이 고여 있을수록 많은 괴로움도 동반하는 삶에 갇혀 살기도 한다. 그것이 진실일까? 의문을 던진 일은 없는가? 오랫동안 타인의 감정에 영향을 받고 괴로워한다. 잠재의식을 모를 때 많은 짐을 지고 안고 가려 했다. 당신도 지금 괴로워하는 문제를 품고 있다. 작은 타인의 감정에도 가슴이 아프고 파동에 요동치는 삶을 살고 있다. 타인의 감정에 얼마만큼 영향을 받고 사는가? 당신의 의식이 낮을수록 타인의 영향에서 벗어나길 힘들어한다.

타인에게 신경을 쓰고 산다면 당신의 인생은 언제 볼 것인가? 당신이 신경을 쓸 필요 없고 지적하고 판단하지 말아야 한다. 가족의 감정에 지배받아 힘겨운 일도 많다. 가르치고 상대를 바꾸려 하는 마음이 크다. 가족이라면 더 심할 경우가 있다. 간섭은 감정의 골을 만들기도 한다. 나는 불편한 관계에서 벗어나고 자유를 찾았다. 당신도 타인을 간섭하고 가르치고 싶을 때 멈추길 바란다. 타인은 당신의 지시를 받을 필요가 없다. 받는 것을 싫어할뿐더러 당신을 피하게 된다. 가족 중 누군가 당신을 간섭하려 하는가? 조용히 거리를 두길 바란다. 서로 대화로 풀 수 없어서 문제가 생겼는데 변화되길 바라지 마라. 당사자는 아무 감정이 없고 당신을 미워할 뿐이다.

나는 어머니의 간섭과 억압에 힘든 날을 많이 보냈다. 잔소리로 들렸다. 반항하게 되고 괴로워 피하게 되는 사태가 벌어진다. 우리는 누구도 감정을 마음대로 할 수 없다. 당신의 감정이 타인이 만든다고 생각하면 큰 착각이다. 타인을 집착하게 되면 관계는 어렵게 된다. 통제를 통하여 맘대로 하고 싶어 한다. 당신의 통제 욕구는 타인이 당신을 벗어나고 싶어 한다. 반대로 타인이 당신에게 억압하고 비판하고 감정을 배출한다면 벗어날 수 없다고 생각한다. 타인의 인생에 간섭하지 말고 내버려 두는 것밖에 없다. 당신의 조언이 필요 없다면 할 필요 없고 달리 방법은 없다. 모든 것에 다 신경이 쓰이고 남이 어떻게 생각할까 하는 생각 자체도 타인을 집착하는 행위이다.

당신이 괴롭고 힘들 때 타인의 조언과 간섭은 아무 도움이 되지 않는다. 인생에 부담만 더해진다. 타인의 일에 간섭하지 말아야 한다. 무관심이 아니다. 지켜보고 기다려 주는 게 익숙해질 것이다. 나머지 타인의 생각은 당신과 아무 관련 없다.

타인이 변한 것을 당신이 신경을 쓸 필요 없다. 나와 다르다고 느낄 때 상대를 통제하려 한다. 다름을 조금 더 인정한다면 관계가 훨씬 편해지고 자연스럽게 흘러간다. 상대가 당신에게 부정적 감정을 쏟아 낸다면 환경을 바꿀 필요가 있다. 당신은 타인의 감정 쓰레기통이 되지 말아야 한다. 타인의 감정은 당신 것이 아니기 때문이다. 슬퍼하거나 좌절하고 분통을 느낄 때 당신은 바라볼 뿐이다. 당신만 바꾸면 된다.

부정적 에너지는 우리 몸에 나쁜 영향을 주는 것은 맞다. 지인과 대화 중 부정적인 대화가 이어간다면 주변 에너지가 바뀌고 공기도 탁해진다. 우리는 부정적 에너지에 서로 영향을 받는다. 부정적이고 비관적인 말을 하는 타인은 자각을 못하기 때문에 당신이 끊어 주어야 한다. 잠시 환경을 바꾸는 데 큰 도움이 된다. 사람과의 관계에 좋은 일만 있을 수 없다. 당신만이 자신의 기분을 만들 수 있다. 타인이 아무 생각 없이 퍼붓는 말을 들은 당신에게 영향을 끼칠 수 없다. 그들도 모른다. 자신이 무슨 짓을 했는지 말이다.

타인의 감정에서 벗어나기 위해서 어떻게 해야 할까? 첫 번째, 타인이 부정적 감정을 쏟아 낸다면 잠시 들어주고 일이 있다고 자리를 멀리해 보자. 부정적 감정이 당신에 대한 말일 수도 있다. 오랜 시간 들어도 반복되는 말일뿐이다. 두 번째, 반론을 하지 말아야 한다. 타인은 당신의 말이 들릴 리 없다. 자신의 감정을 바닥이 날 때까지 말하고 싶어 한다. 아니라고 반론을 재게 할수록 더 심한 감정을 내보낼 것이다. 세 번째, 타인의 감정은 당신이 책임질 게 아무것도 없다. 타인은 자신의 잠재된 억압된 감정을 풀어내려 하는 것뿐이다. 타인을 이야기하면서 자신의 이야기를 하는 것이다. 상대에게 자신을 투사하는 거다. 나는 이것을 몰랐을 때 타인의 감정을 계속 받아 주었다. 받은 감정들은 내 안으로 들어와 죄책감마저 들게 만드는 악순환이다. 얼마나 웃기는 일인가? 타인의 감정을 들었을 뿐인데 가해자를 만든거다.

시간이 지나면 타인의 감정도 풀려나간다. 그때 당신은 타인과 대화해도 늦지 않는다. 감정 덩어리를 서로 주고서 받는다면 오해가 불덩어리를 만들어 감정만 소모하는 일이다. 가만히 내려서 놓아 보았다. 나는 이렇게 하고 마음이 매우 평화로워졌다. 타인의 감정을 타인 것으로 인정한다. 나와 동일시만 하지 않는다면 이해 못할 게 없다. 너그럽기까지 한다.

명상하면 자신을 관찰자 측면에서 보라고 한다. 매우 중요한 마음이다. 현실의 몸을 나라고 착각한다면 문제가 자신에게 찰싹 붙어 문제를 만들 것이다. 문제를 안고 간다면 매일 괴로운 고통이 따른다. 의문을 가져라. 진실인가 물어보아야 한다. 작업을 계속한다면 타인의 감정을 바라보게 된다. 마음이 사그라질 때까지 평온하게 지켜보면 상대는 원상태로 돌아온다. 자신이 왜 그렇게 했는지 반성하게 된다. 당신은 가만히 있기만 했는데 말이다. 서로 얽히는 일들이 줄어들고 타인이 무슨 생각하는지 걱정할 필요 없다.

타인과의 관계에서 벗어나 살 수는 없다. 자신이 어떻게 하느냐에 달라진다. 세상은 당신이 생각한 대로 돌아간다. 당신 안에 슬픔이 있다면 세상은 슬플 것이다. 하루가 행복하고 기쁘다면 모두가 기쁘게 된다. 타인을 간섭하고 싶은 욕구가 일어난다면 당신의 잠재의식을 보길 바란다. 내 안에 무슨 생각이 도사리고 있는지를 보라. 혹시 간섭하는 내가 있다면 바꾸어야 한다. 답은 나왔다. 타인의 통제는 자신의 통제를 말하는 것이다. 타인을 내려놓고 자신으로 돌아와야 한다. 내가 원하는 게 뭐지? 하고 질문을 해라. 나의 욕구가 뭐길래? 이런 생각을 하지? 자신을 보면 타인은 저절로 풀려나간다.

타인에 대해 의심하고 있는가? 당신의 마음이 그런 거다. 우리는 매일 자신을 타인에게 투사하고 있다. 타인에게 강요한 것은 자신이 하고 싶은 것이다. 타인에 대한 감정을 내려놓고 자신을 관찰하는 게 행복으로 가는 지름길이다. 당장 타인의 감정을 받지도 말고 쳐다도 보지 마라. 타인은 간섭 없이도 잘 이겨내고 제자리로 온다. 기다리다 타인이 잠잠해지면 위로를 해주길 바란다. 우리가 원하지 않는 감정은 타인도 원하지 않는다. 이것을 명심하길 바란다. 내버려 두는 게 약이 되고 사랑이 된다. 타인의 감정에 유연해진 당신 축하한다. 앞으로 당신은 평온해질 것임이 틀림없다.

남들은 당신이 생각할 만큼 당신한테 관심이 없다. 당신도 타인에 대해 관심 없다. 타인이 당신에 대해 자신을 투사하며 말할 뿐이다. 모든 것을 그대로 믿으면 안 된다. 일에 열정을 갖고 해라. 타인으로부터 관심에서 멀어질 수 있다. 타인의 말은 잊어버려라. 아무 생각 없이 말한 것이다. 당신이 밤을 새우고 고민할 필요가 없다.

사람들이 어떻게 생각하는지 고민한다는 것은 자기애가 없는 것이다. 자신을 사랑하고 자신의 관점으로 바라본다면 다른 사람들의 생각은 그들의 생각일 뿐이다. 그들을 비난하지 말고 이해하도록 해보자. 상대의 처지에서 생각하면 된다. 내가 저 입장이라면 어땠을까? 라고 질문을 해보자.

상대의 생각을 그냥 있는 그대로 바라보는 게 최상이다. 올라오는 부정적인 마음을 삭제 버튼을 눌러 편집해 보아라. 남, 타인에 대해 잠시 스치는 생각일 뿐이다.

남들이 나를 어떻게 생각하는 것보다 내가 나를 어떻게 생각하는 게 더 중요하다. 자신에게 집중된 삶은 남에 대해 걱정할 시간을 줄여준다.

원하는 인생을 살기 위해 자신을 돌봐라

"당신도 우주의 누구와 마찬가지로 당신의 사랑과 애정을 받을 자격이 있다."
부처

초등학교에 다닐 당시만 해도 한집에 가족이 보통은 5인 가족 이상이었다. 식구들이 많아 가족이 모여 가족사진을 찍기도 힘들다고 했다. 공장이 3교대가 돌아가는 모습을 보고 자랐다. 많은 반찬은 없어도 김치 한 포기와 소복하게 올린 밥에 행복했다. 지금은 핵가족 시대를 넘어 핵개인 시대가 되었다. 옹기종기 밥상에 모여 정을 나눈 시대는 지나갔다.

슈퍼를 가도 일인 분량의 식품 재료들이 많다. 나 역시 혼자 밥을 먹는데 자연스럽다. 혼자 잘 지내는 법을 알아야 한다. 지금 나의 시대가 부모를 부양하는 마지막 시대인 것 같다. 불과 몇 년 전 일본의 고독사가 기사에 나왔다. 유령의 도시가 되고 마을이 사라졌다고 한다. 지금 우리나라가 일본처럼 되고 있다. 1인 가구 시대가 왔다.

노후를 어떻게 하면 건강하게 남에게 기대지 않고 살 건가가 핵심이다.

길어진 수명이 재앙이라는 말까지 한다. 우리는 주변에 사람들이 있어도 외로운 것은 마찬가지라고 한다. 혼자 잘 지내는 법을 배워야 한다. 전국민이 의사라는 말이 나올 정도로 넘치는 정보로 이미 포화한 상태다. 수명이 길어지면서 치매가 키워드로 뜨고 있다. 몸이 불편하면 아름다운 삶을 살 수 없다. 주변에 짐이 되고 가족이 힘들어진다.

나도 어느덧 노후의 삶에 대해 깊이 생각하게 된다. 세대 간의 차이는 갈수록 차이가 난다. 빨라지는 정보화 시대에 뇌가 바쁘다. 새로운 것을 모르면 뇌는 도태된다. 내가 나이가 든다면 어떤 삶을 살 것인가? 누구의 도움 없이 살길을 간절히 바라는데 앞날은 아무도 모른다. 스스로 부양해야 한다. 나이를 먹으면 친구들도 줄어든다고 한다. 가만히 있으면서 죽는 날만 기다리기는 인생이 아깝다. 나이 먹어서 화려한 삶을 사시는 분들도 많다. 젊어서 못다 한 꿈이 한이 되어 용기를 내어 사시는 분들도 있다.

자신을 부양하기 위해서 어떻게 해야 할까? 경제적인 것은 여기서 말하지 않겠다. 소비의 형태와 삶의 가치를 보는 부분이 다다르기 때문이다. 첫 번째 몸이 건강해야 한다. 몸이 건강하지 못하면 오래 사는 의미가 없다. 병상에 누워 시간을 보내는 삶은 불행하다.

나는 건강에 매우 신경을 쓰고 산다. 잔병치레를 거듭하다 음식조절과 마음공부를 하며 지금은 좋은 상태이다. 단백질도 챙겨 먹고 잠을 잘 자고 나서 건강이 많이 회복되었다. 건강에 관한 광고를 보면 다 먹어야 하고 따라 해야 할 것이 많다. 가공식품을 멀리하고 신선한 채소와 과일을 먹으려고 노력한다. 면역력이 약해 감기도 달고 살았는데 깨끗이 없어졌다. 과한 건강식품이 우리의 몸을 더 망친다. 아침에 일어나면 미지근한 물 한 잔으로 시작한다. 점심 식전에 과일과 채소를 먹는다. 점심때가 되면 현미밥과 채소로 식사를 간단하게 한다. 모든 재료의 요리는 간단하게 한다. 조리 과정이 복잡할수록 조미료를 넣게 된다. 단순하게 살기로 한 뒤로 냉장고도 식재료가 일주일 치밖에 없다. 일본 작가가 쓴 책을 보고 채소를 말려 보관하여 쓰는 방법을 알게 되었다. 이 방법은 정말 가성비가 굿이다. 언제든 된장국 끓이는 재료가 준비되어 좋다. 저녁은 단백질과 채소로 구성된 식사를 한다. 고기 먹는데 부담스럽지만, 건강을 위해 애쓰고 있다. 식사를 이렇게 하면 활동하기에 딱 좋은 몸 상태가 된다. 나이를 먹을수록 소화력도 약해져서 소식을 해야한다. 뼈 건강을 위해 따로 챙겨 먹는 것은 없다. 하루 비타민 세 알 정도는 먹는다. 스스로 부양하기 위해 의사와도 이별을 고하려 한다. 자연스럽게 병도 나이와 함에 온다고 한다. 받아들이고 즐겁게 살면 건강하게 살 수 있다.

스스로 잘 살기 위해 건강은 꼭 필수이고 다음은 자신을 사랑하며 하고 싶은 것을 하고 살자. 나는 그림 그리기와 책을 읽는 것을 좋아한다. 혼자도 잘 놓을 수 있어야 한다. 그림을 그리고 있을 때 행복하고 무아지경에 도달한다. 4시간을 집중하기도 한다. 누구나 좋아하는 일을 하면 시간이 가는 줄 모른다. 누가 나를 부양해 주길 기다리지 말고 혼자 즐기는 법을 만들어 보자. 혼자 갤러리 가서 그림을 보고 오는 날은 하루가 행복이다. 몸과 마음을 잘 다루는 것이 자신을 부양하는 길이다.

세상의 주인공이 되어 자신을 잘 돌본다면 당신은 성공한 삶이다. 불행과 행복은 마음속에 있다고 하지 않는가? 요즘 신세대들은 이미 자기 돌봄을 하고 있다. 기성세대는 가족을 위해 헌신을 하고 살았다. 나이가 어느 정도 되니 자신을 바라보게 된다. 자기 돌봄이 빠를수록 세상을 헤쳐 나가는 힘이 강력해진다.

타인을 바라보는 시대에서 자신을 돌보는 시대가 왔다. 기성세대가 주변을 돌보느라 자신을 잃고 살았다면 지금은 자기 돌봄이 당연하다. 가장 자신이 돌봄 상태가 되어야 나이 외의 사람을 돌봐줄 수 있다. 자신이 지치고 힘겨운데 상대가 보일 리가 없다.

자신을 돌보게 되면 좋은 점이 많다. 상대가 볼 때 멋진 인생을 살고 있다고 생각한다. 주변에 기대지 않아서 좋다. 누구든 상대의 짐을 받고 싶어

하지 않는다. 스스로 잘살고 있는 사람을 좋아하고 칭찬한다. 가까운 가족이라도 짐이 되면 불편하게 된다. 눈치를 안 보고 사는게 답이다.

자신을 돌보면 남의 일에 간섭할 시간이 없다. 타인과의 관계도 원활해진다. 하루 종일 당신이 타인에 대해 생각한다고 하자. 얼마나 끔찍한 일인가? 집착으로 이어진다. 상대일에 집착하느라 자신을 돌볼 수 없을 것이다. 상대는 싫어한다. 자신이 자신을 잘 부양하듯이 상대도 그럴 것이라 믿으면 된다.

인생이 참 쉽게 흘러간다. 나는 스스로 돌보면서 하루가 지루할 시간이 없다. 시간이 되면 영양 가득한 식품을 먹여주고 마음에 양식으로 책을 읽어 준다. 아름다운 것을 보고 싶어 가끔 갤러리에 가고 예쁜 카페에 앉아 커피도 마셔 본다. 지인과 근사한 곳에 가서 식사도 한다. 가보지 않은 곳을 가보는 흥미도 가져 본다. 몸이 피곤하면 바로 휴식으로 들어간다. 이렇게 나를 돌본 이후로 건강하고 행복하다.

나는 하루가 힘든 사람에게 자기를 돌보라고 말하고 싶다. 그러면 어떻게 하냐고 묻는다. 완전하게 자신을 돌봐 보라고 한다. 갈수록 우리는 자신을 돌보지 않으면 기댈 곳이 없어진다. 남에게 의지하게 되는 삶은 자신으로 사는 것이 아니다. 자기 돌봄은 일찍 할수록 더 좋다. 요즘 젊은이들이 자신을 잘 돌보고 있으면 기특해 보인다. 얼굴이 밝고 정서적으로도 안정 되어 보이기도 한다.

자신을 돌보는 과정은 사랑이다. 자신을 사랑하지 않고서는 돌볼 수 없 다. 자기 돌봄 없이는 병에서 벗어날 수 없고 타인에게도 좋은 영향력을 줄 수 있다.

자기 돌봄은 이 시대 키워드이다. 자기 돌봄이 잘된 사람은 주변에도 사 랑을 베풀 수 있다. 오렌지로 오렌지 주스를 만들 듯이 사랑으로 돌본 상태 는 사랑밖에 줄 게 없다.

자신을 돌보기 위해 사랑을 삽입하고 건강에 나쁜 태도는 삭제 버튼을 눌러 버려라. 자신에 대한 사랑을 더 완벽하게 만들어라.

나대로 살기 위한 인생수업

우리는 나대로 살기 위해 내면의 무의식을 관찰했습니다. 내면의 무의식은 몇십 년을 거쳐 축적되어 온 생각의 산물입니다. 내면에서 일어나는 내가 아닌 마음들을 알아차리는 방법은 있는 그대로 나를 사랑하며 받아들이는 것입니다. 자연스럽게 일어나는 일들에 비판하지 않고 반응을 지켜보았을 때 문제는 해결됩니다. 가장 나답게 살기 위해서는 나를 사랑하며 자신을 돌보는 연습을 해야 합니다. 자신이 온전한 존재임을 깨달았을 때 행복으로 가는 지름길입니다. 진정한 자유는 나대로 사는 것입니다.

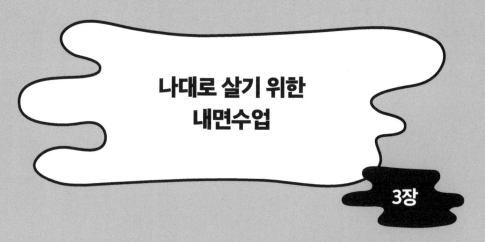

나대로 살기 위한
내면수업

3장

01

지금도 괜찮은 당신

> "우리는 다른 사람과 같아지기 위해 인생의 3/4을 빼앗기고 있다."
> 쇼펜하우어

반포로 쇼핑을 가게 되면 사서 먹는 붕어빵이 있다. 붕어빵엔 팥이 듬뿍 들고, 붕어빵 사장님은 흰색 와이셔츠에 정장 바지를 입고 파신다. 빵에 대한 철학이 대단하여서 구워진 붕어빵을 명품으로 만든다. 세 개를 사서 가려 하는데 "붕어빵을 드실 때 샤론 스톤처럼 우아하게 드셔요."라고 한다. 미소가 번진다. 옆 코너를 지나 커피와 함께 우아하게 먹어보기로 했다. 붕어빵 사장님이 던진 언어가 마술을 부려 덩달아 행복이다. 붕어빵에도 혼을 담아 파시는 사장님은 자부심이 대단하다.

같은 것은 같은 것을 끌어당긴다. 우연히 간 네일숍 사장님과 이야기를 나누다 해외 생활을 했다는 동질감을 느꼈다. 캐나다에서의 꿈을 펼치려는 마음이 일치하여 반가웠다. 그녀는 두려움과 남의 눈치를 살피느라 용기를 내기가 힘들다고 한다. 종종 사람들을 만나면 이런 자신감이 부족한 이야기를 한다. 도대체 부족함은 누구의 기준인가. 마스크를 쓴 숍 원장님은 얼굴도 이쁘고 대화의 진지함을 볼 수 있었다. 자신의 이야기를 꺼내며 남이 자기를 어떻게 볼까에 너무 신경이 쓰인다고 한다. 지금 그대로도 참 괜찮은데 말이다. 너무 완벽히 하려는 마음은 자신감을 무너지게 한다.

완벽하게 준비하여 시작한다면 당신은 쓰러지고 만다. 당신의 출발선은 어디인가? 누가 정하는가? 당신이 정하는 것이다. 남의 생각은 그들의 마음이 담긴 것이다. 숫자에 연연하지 말길 바란다. 지금 상태도 아주 아름답고 고귀하다. 숫자를 맞추며 틀에 넣어 잘 보이고 싶은가? 누구에게 보이려 하는가? 계획은 계획대로 안 되니깐 계획이다. 충분한 당신은 자신을 믿고 하고픈 하면된다. 나는 무모할 정도로 시작부터 해버렸다.

충분한 당신이 무기력하고 자신을 못 믿겠다고 해도 방법이 없는 것은 아니다. 외부에서 찾지 말고 자신의 내부를 바라보며 "나는 충분해."라고, 말하며 자신을 칭찬해 봐라. 지능이 뛰어난 것보다 노력에 대한 칭찬의 힘이 매우 중요하다. 시간을 허비하지 말아야 한다. 우리에게 시간이 무한대 있지 않다.

폴란드에서 그림을 시작했을 때 심장이 요동침을 느꼈다. 두려움이 밀려왔다. 해보지 않은 곳에 대한 완벽해지려는 마음이었다. 참으로 필요 없는 생각들이다. 이미 우리는 충분하다. 시작하기에 이미 충분하고 하고 싶은 것을 경험할 뿐이다. 경험 못했다면 많은 일들이 나에게 일어날 수 없었다.

완벽하지 못하고 준비가 되어 있지 않다고 포기해 버린다면 삶은 매우 건조하게 흐른다. 자신을 찾고 끊임없이 자신을 칭찬하며 하나씩 해보자. 자신에 대한 사랑이 40대에 많은 경험을 해외에서 하게 했다. 항상 부족하다고 변두리만 돌다 충분한 나를 발견하고 앞이 보이기 시작했다.

괜찮은 나를 발견하고 실행한 것이 있었다. 이미 충분했다. 첫 번째 나대로 산 것이다. 나대로 살아보니 자신이 보였고 존중하게 되었다. 매우 강력한 자존감의 결실이다. 두 번째는 책을 읽은 것이다. 세 번째는 늦은 나이에도 배움의 길을 놓지 않은 것이다. 네 번째는 여행을 많이 하고 나를 믿고 살기로 한 것이다. 다섯 번째 책을 내기로 결심한 것이다. 여섯 번째로는 나를 사랑하고 그림을 시작한 것이다. 절대 후회가 없었다. 당신이 선택한 것은 생각으로 이루어진 것이다. 무엇을 하겠다는 생각에서 시작하자. 하루를 생각해 보자. 움직이는 동선은 당신이 그렇게 하겠다고 한 생각이다. 자존감이 바닥이고 바보라고 자신을 몰아가는 것도 당신이라는 것을 기억해라.

자신을 부정의 소굴로 몰고 간다면 아무 변화는 일어나지 않는다. 당신 앞에 수많은 선택지가 놓일 것이다. 당신은 이미 완벽하다. 누가 뭐라 해도 무시해야 한다, 조용히 앞으로 밀고 나아가며 당신을 칭찬해 주자. 자신을 사랑하고 인정하는 마음이 당신은 할 수 있다는 마음을 만든다. 무의식에 잠재된 부정성의 말들은 믿지 말도록 하자. 우리가 부정적인 말을 믿게 되면 계획은 엉키게 되어 있다.

지금도 충분한 당신, 할 수 없다는 한계를 멈추자. 애를 안 쓰고 가는 삶이 포기를 쉽게 하지 않게 된다. 애를 쓰지 말라는 말이 노력하지 말라는 말이 아니다. 완벽해지려는 마음 때문에 한 걸음도 나아가지 못하는 자신을 발견한다. 지구별에 온 당신은 이미 충분하고 시작하기 아무 문제가 없다. 타인의 비판은 쓰레기통에 넣어 버리자. 자존감이 바닥인 원인을 알게되었다. 타인의 충고는 감사하게 받고 인사까지 한다. 골라서 선택할 수 있는 지혜를 발휘해라. 원하는 곳으로 초점만이 당신을 이끌고 갈것이다. 자신이 충분했다는 것을 발견하고 놀랄 것이다. 바라보며 자신을 칭찬해 주고 귀하게 보는 삶이 당신을 바로 세울것이다.

원래 충분했던 자신을 저 아래로 내려놓고 시작하니 겁나고 힘들었다. 자신감을 조절하는 것은 자신만이 할 수 있죠. 나는 주변 사람들을 관찰하며 안타까운 일이 많았다. 어디 하나 부족한 게 없는데 외부의 조건을 말하며 할 수 없다고 핑계를 댄다. 또 자격이 없다고 말한다. 나는 그러면 묻는다. "누가 당신을 못 하게 하나요?" 사람들은 말한다. "돈이 없어요.",

"가족이 반대해요.", "아직 때가 일러요." 이유를 장황하게 늘어놓는다. 몇 가지를 보면 비슷하게 많다. 굴레에 벗어나지 못한다면 우리는 같은 삶속에 머물러야 한다. 남과 비교는 자신을 나락으로 가게 한다. 충분하지 못하다는 자기 비하야말로 당신에게 폭력을 가하는 것이다. 깨어나기 위해서는 자신을 사랑하고 충분함을 알아차려야 한다. 실패해도 괜찮다.

지금 당신이 하고 싶은 것이 무언인가를 바라보자. 남과 비교는 멈추자. 지금도 충분한 당신을 위해 당신이 할 수 있는 것만 생각해 보길 바란다. 충분하지 않다는 망상에서부터 벗어나야 한다. 평가 기준에 눈치를 보고 맞추려 할 필요가 없다. 우리는 태어날 때부터 완전한 생명력이다. 누구의 평가에 흔들릴 필요가 없다. 당신은 누구 탓을 하지만 타인은 당신을 함부로 못한다. 당신이 받아들일 때 영향력을 받게 된다. 당신은 받고 안 받고는 당신의 마음이 전부다. 하고 싶고 행복한 것에 초점을 맞춘다면 힘을 들이지 않고 가게 된다. 아무것도 하지 않았는데 인생이 그냥 갔다고 생각할 수도 있다.

이 글을 읽은 순간부터 당신은 충분하다고 생각해 보자. 지금 대로 완벽하여 무엇이든 할 준비가 되어 있다고 생각해보자. 내면의 에고에 절대 흔들려 포기하지 말아야 한다. 지금 완벽하다고 생각해보자. 지금 아니면 할 수 없다고 생각하자. 어제와 같이 살면서 미래를 기대하는 것은 몽상에 가깝다.

지금 하기에 당신은 충분하다. 실수해도 괜찮다. 아무도 우리에게 관심 없다는 걸 기억하시길 바란다. 우리는 이미 완벽하다.

지금 시작해도 당신은 충분하다.

걱정을 버릴 용기

"근심하는 사람은 문제를 찾아내고 관심을 갖는 사람은 문제를 해결한다."
해럴드 스티븐

사람은 누구나 생의 마지막을 맞이한다. 죽음이란 두려움의 여정이다. 태어나서 의식이 형성되면 매번 죽음이라는 공포를 안고 살게 된다. 우리는 왜 인생의 끝자락에 가서 마음을 내려놓으려고 할까? 살면서는 내려놓기 어렵다. 우리는 삶이 이끄는 대로 살다 가기 때문이다. 왜 온전하게 살지 못하고 후회할까? 두려움은 우리 안의 의심이 만든 것이다. 내면에 의심이 자라고 있는지 모른다.

의심은 어떤 것을 할 수 없다고 생각한다. 자신을 믿지 못해서 포기하기 때문이다. 의심의 꼬리는 저 멀리 태평양과 대서양을 가로지를지 모른다. 있는 그대로 바라보기 힘들다. 내면에 끊임없이 비교와 비판이 요동치고 있기 때문이다. 오지도 않는 일들에 미리 걱정이라는 방해꾼을 맞이한다. 우리가 부른 것이다. 의심을 지운다면 어떨까? 있는 그대로 바라보는 상태가 되어야 한다.

우리는 타인의 마음을 맘대로 생각한다. 의심이 포함된 마음이다. 내 안에 많은 의심은 타인도 그렇게 한다는 것이다. 에너지를 소비하는 행위를 계속한다. 하루면 작은 것부터 미리 걱정을 만들어 내는 우리의 마음을 관찰하자. 마음에 의심이 생길 때마다 어떻게 할까? 우선 긍정의 말을 자신에게 들려줘 보자. 내면에서 일어나는 당신이 못 믿는 부정적 마음을 긍정의 말로 바꿔 말해봐라. 선인들은 꿈에서 깨어나라고 말한다. 우리 삶이 꿈이라면 깨어나야 한다.

인생 학교에서 우리가 배울 정규과목은 마음공부이다. 의심을 지워야 우리는 두려움을 벗어날 수 있다. 모든 물질을 관찰하면 있다가 사라진다는 것을 알게 된다. 우리는 두려움도 벗어날 수 있다. 인생의 반을 걱정과 두려움을 안고 산다면 폭탄을 품고 사는 것이다. 관찰자로 자신을 바라본다면 살면서 걱정도 사라진다.

하루도 걱정이 없는 날이 없다고 말한다. 왜 그래야 하나? 의심한 적 없는가? 당신은 속고 있다. 의심한 대로 살면 하루도 편할 때가 없다. 당신 안에 의심하는 자를 살펴야한다. 누구나 행복하고 걱정이 없는 삶을 살아갈 권리가 있다. 바라는 대로 못 살고 가는 것은 자신이 만든 것이다. 안타깝게 우울증과 괴로운 마음으로 고달프게 사는 사람들이 많다. 자신을 바라보는 관찰자가 되어야 한다. 방법으로는 확언과 명상이 있다. 거울을 바라보고 거울에 떠오르는 자신을 바라보며 말해보아라. 무엇이 당신을 괴롭히는지 주목해 보길 바란다. 떠오르는 것을 느껴보고 생각해 보라. 자신과 문제를 분리하고 사랑으로 바라보아라. 아픔 속에 다시 태어난 당신을 연민으로 바라보게 될 것이다.

인생에서 걱정이 필요가 없음을 빨리 깨달을수록 삶이 깃털처럼 한결 가벼워진다. 마음의 무게가 사람을 살리고 죽이게 한다는 말이 있다. 일어난 사실이 아니라 마음이 걱정을 만든다. 자신의 삶을 걱정에서 벗어나서 바라보면 타인의 비난에도 자신이 아니라고 보게 된다. 삶이 구름 위를 떠다니는 것 같이 느끼게 된다.

근심거리를 만드는 걸 미리 알게 된다면 어떨까? 관찰자로 자신이 겪는 것을 바라본다면 당신의 행동도 친절하게 된다. 자신이 좀 편한 상태에 외부를 바라본다면 일은 자연스럽게 돌아간다. 모든 힘은 당신이 생각한 대로 간다. 걱정하고 불안한 마음은 그에 맞는 행동을 한다. 예를 들어 시험을 보고 끝날 때까지 걱정에서 벗어나지 못한다. 결과는 우리가 생각한 대로 흐르기도 하지만 다르게 흐른다. 당신은 걱정을 밤새도록 하며 그날이 오면 아무 일 없음에 안도의 한숨을 쉰다. 우리가 생각할 만큼의 큰일은 일어나지 않았는데 깊은 걱정을 한다. 만약 당신이 결과를 안다면 걱정을 안 했을까? 그래도 했을 것이다.

나는 평온을 찾아가지만 나 자신에 불안을 느낄 때가 가끔 생긴다. 스멀스멀 올라오는 불안이 나를 급습한다. 그것은 잠시였다. 지금, 이 순간을 살고 나를 관찰하는 시간이 주는 여유로움에 감사한다. 불안한 긴장감은 우리가 믿지 못하는 마음에서 오는 것이다. 여기서 벗어날 수만 있다면 사는 동안 평온하게 살 수 있다. 올라오는 근심이 사실인가를 보아라.

걱정을 해소하는 방법은 책에 많이 나와 있다. 우리는 망각해서 벗어나질 못하고 고통 속에 걱정을 하며 지낸다. 고통은 걱정의 덩어리가 되어 우리 몸을 감싼다. 감싼 불덩어리는 반응을 일으켜 온몸으로 퍼져 나가 밤을 새우고 같이 뒹굴게 된다. 압박을 준 덩어리를 어떻게 해소할까? 당신이 만든 것이라 해소할 방법은 당신밖에 없다. 누구에게 도움을 요청해도 구해줄 수 없다. 고통 덩어리를 분리하지 말고 일어날 문제에 좋고 나쁨을 동시에 받아들이기로 한다. 어떠한 것도 받아들이기로 마음먹기로 한다. 좋은 쪽으로 된다면 감사가 두 배가 될 것이다. 두 가지를 모두 잡고 있으니 힘든 것이다. 문제에 대해 집착하면 더 가중된다. 불안하고 부정적인 생각이 꼬리에 꼬리를 물었다. 걱정이 가중되어 헤어 나올 수 없는 지경까지 가게 된다.

반복되는 실수를 조금만 줄여보자. 걱정에서 벗어나기 전 온전히 느껴보기를 바란다. 온몸에 전율이 흐르듯 아프기도 할 것이다. 억지로 벗어나려고 할수록 수렁으로 빠진다. 온전히 느껴주고 날려 버려라. 자신을 위로해

주고 지금, 이 순간이 행복임을 안다면 마음이 평온할 것이다. 사는 동안 그리 애쓰지 않고 가도 된다. 당신은 소중하다. 자신을 함부로 대하지 마라.

인생 학교에서 걱정 없이 하고 싶은 일을 할 수 있다는 것을 배울 수 있다면 큰 행운이다. 자신이 누구인지를 알고 꿈을 이루어 나가는 연습을 해야 한다. 자기 사랑이 없는 꿈은 성공하더라도 허하고 괴로운 법이다. 걱정을 해소하고 인생을 보는 관점을 긍정으로 본다면 행복한 삶을 영위할 수 있다.

걱정 중에는 망상에 가깝게 하는 경우가 많다. 생각이라는 주머니에 자신을 믿는 긍정 확언을 넣고 큰 불안이 와도 관찰해보아라. 왔구나 하고 알아차리고 인식하는 과정을 연습해야 한다. 우리는 아프면 병원에 간다. 의사 선생님도 당신의 병을 책임져 주지 않는다. 정신과 의사 중 우울증에 시달리는 사람이 많다는 것을 아는가? 자신만이 자신을 치유할 수 있다. 가장 자신을 잘 알기 때문이다.

걱정이 대상이라면 걱정을 보고 느끼는 사람은 누구인가? 알아차리는 자는 누구인가? 걱정하는 자가 자신이라는 착각에서 빨리 벗어나야 자유로운 삶이 될 수 있다. 걱정도 대상이 서로 존재한다. 걱정하는 자신을 바라보면 대상이 보인다. 관찰자 처지에서 걱정의 대상을 바라보자.

지금도 어딘가에서 걱정을 안고 사는 사람들에게 말하고 싶다. 당신이 그렇게 걱정하며 지낸 과거가 지금도 있는가? 없다. 지나가 버렸다. 나뭇 가지에서 참새가 날아 가버리듯 가버렸다. 날아간 새를 붙들고 있고 싶은가? 걱정이 사라지게 지켜보는 것으로 족하다.

있는 그대로 걱정을 바라보며 걱정이라는 대상을 흘려보내 보자. 반복된 연습이 꼭 필요하다. 자신이 걱정하는 대상을 분리하여 놓고 보는 것도 좋다. 명상하며 걱정을 바라보며 그곳에 있음을 알아 차려보자. 길을 걸으며 나를 바라보는 명상을 하는 것도 좋다. 내가 지금 하는 걱정은 무엇인가를 생각하며 발걸음 옮길 때마다 흘려보내자. 하루 지나면 없어질 걱정을 잠시 바라보아라.

나를 귀하게 여긴다면 걱정은 버려라. 그래야 나를 사랑할 수 있다. 괴로움이 영원할 거라는 믿음을 버려라. 살면서 걱정이라는 감정은 언제나 올 수 있다. 걱정을 인정하고 이제 보내도록 하자. 우리가 사는 동안은 수시로 걱정은 오게 되어 있다. 걱정을 인정한다면 이별을 할 수 있다.

하루 중 많은 걱정은 나를 사랑하면 날아가 버린다.

자기 감정 살피기

"이성이 인간을 만들어 낸다고 하면 감정은 인간을 이끌어간다."

3장 │ 나대로 살기 위한 내면수업

5개월 만에 부산에 왔다. 부산 해운대는 올 때마다 느낌이 참 다르다. 여름 바다를 거닐며 축제를 즐길 수 있었다. 지금은 추워진 날씨 탓인가 사람들이 없다. 조용한 바닷가는 출렁이는 파도가 가슴을 열게 한다. 부산 사투리의 구수한 목소리는 나를 미소 짓게 한다. 20대에 친구들과 왔을 때 바다는 웅장했다. 있는 그대로도 표현이 서툴렀던 청춘은 지나갔다. 나는 감정에 솔직하고 살았나? 에고가 끊임없이 감정을 왜곡하고 있다. 우리는 상대가 감정을 있는 그대로 봐주지 않아서 화를 내기도 한다.

주변을 너무 살피느라 자신의 감정을 생각할 여유가 없었다. 상대의 압력에 감정이 눌리기도 한다. 당신은 지금 어느 장소에 있든 감정의 탈을 쓰고 있다. 부족하고 못난 것은 안 보고 싶은 것이 습관이 되었다. 무엇이 두려워 드러내지 못할까? 가끔 당신들은 방송에서 패널들이 솔직하게 마음을 드러내면 좋아하고 속이 시원하다고 한다. 자신의 감정을 드러내기 꺼리기 때문이다. 타인의 기분을 맞추고 시선을 타인의 감정에 두고 산다. 그래서 자신의 감정은 철저히 무시되었다.

감정을 들여다보아라. 타인과 있을 때 당신이 감춘 감정은 어디에 두었는가? 왜 이야기를 못하는 걸까? 통제하고 덮어 버리게 되면 나와 멀어진다. 한번 생각해 보라, 타인과 있으면서 감정을 감추고 뒤돌아설 때 힘든 적이 많다. 나는 자신을 억제하고 덮느라 자신을 잃어버리며 긴 세월을 살았다. 멍청한 짓을 하며 혼자 울기도 하고 후회하기도 했다. 당당한 나로 살고 싶은 몸부림에 아프기도 했다. 억압된 감정은 분출할 기회를 기다리고 있다.

무엇을 원하는지 모르고 헤매기도 한다. 자신과 멀어져 간다. 자신을 속이고 있다는 걸 모르고 지나가 버린다. 당신이 무엇을 원하는지 표현하자. 책임지는 삶이 두려워 표현 못 하기도 한다. 내가 무엇을 원하는지 모르겠다는 것은 자신에게 솔직하지 못한 것이다. 자신 앞에서 진실해진다면 우리 삶은 수월하게 돌아간다. 솔직하게 말하는 연습을 해라. 때로는 자신의 취약점을 드러내는 것이 사람들과 가까워지는 방법이다. 변명을 멈추고 당신의 생각에 솔직해야 한다. 자신을 인정한다면 실행하는데도 속도를 낸다. 변명 따위는 버려라.

우리의 삶은 자신의 감정이 솔직할 때 일이 편하게 간다. 주변을 너무 살피지 말고 실행해 보길 바란다. 원하는 것을 보고 진솔하게 가보라. 부산 바다가 흰 구름을 몰고 요동을 친다, 내 마음속 요동도 친다. "오길 잘했어! 가고 싶었으니깐." 감정에 솔직해진 나를 부산으로 이르게 한다. 작은 것부터 당신이 좋아하는 것에 솔직해져라. 작은 변화에는 작은 용기가 필요하다. 자신 안에서 일어나는 감정을 관찰하길 바란다. 무엇을 원하는지가 보인다.

나대로 살기 위해서는 자신의 감정에 솔직해질 필요가 있다. 억압하고 묻어 버린다면 당신은 병이 날지 모른다. 분출을 못한 당신의 감정은 더 큰 불덩어리를 만든다. 화라는 물질로 나타나기도 한다. 화를 담고 살다 나는 결국 병이 나기도 했었다. 고인 부정적 감정은 잠재되어 있다가 당신을 흔든다. 이 과정을 걸치면서 사람들의 인상을 본다. 안에 고인 솔직하지 못한 감정이 있는지 보게된다. 정확히 확신한다. 감정이 원활하지 않다면 얼굴에 검은 그림자가 드리워진다. 지금 당신 얼굴을 거울로 가져가 보아라. 어떤 표정을 하고 있는지 보이는가? 말하고 싶은 욕구가 있는지 살펴보라. 거울 앞에서 자신과의 대화도 좋은 방법이다. 조금 솔직할수 있는 방법이기 때문이다. 거울 앞에서 자신에게 줄 게 무엇인가 말하며 좋아하는 것을 찾게 되었다. 감정에 솔직하면 얻어지는 게 더 많다. 오만 생각은 당신을 더 힘들게 할뿐이다.

자신에게 솔직해진다면 어떤 장점이 있을까? 자신이 원하는 삶을 찾아가면 변화가 온다. 첫 번째 얼굴빛이 달라진다. 맑은 빛으로 돌아와 아기 때 피부가 된다. 감정이 흘러가니 고통에서 벗어날 수 있다. 둘째 타인의 감정도 더 인정하게 된다. 있는 그대로 타인을 바라보는 시선이 된다. 편안한 고요한 상태가 되어 말을 잘 경청하게 된다. 세 번째 자신이 좋아하는 것을 하게 된다. 남 탓과 책임 회피에서 벗어나야 한다. 솔직하지 못하여 못한 것들을 고민할 필요가 없다. 편안한 것을 시작해야 일들도 술술 풀리게 된다. 인생은 자신의 많은 경험이 모여 자신을 만든다. 네 번째 마음이 강해진다. 자신의 솔직한 마음을 따라가다 보면 용감해지기도 한다. 자신의 감정에 따라가면 남에게 휩쓸릴 필요가 없다.

자신에게 솔직할 방법은 무엇일까? 첫째 두려움과 친해지라고 말하고 싶다. 회피한다면 더 두려워진다. 두려움과 친하게 된다면 뛰어넘는 삶을 살게 된다. 주변에서 당신을 돕게 된다. 감정이 올라오면 슬픔도 인정해 보자. 타인과 공감도 좋다. 나만 힘들다고 생각하는 감정은 피해야 한다. 두 번째 자신의 숨어 있는 욕구를 찾아보자. 예를 들어보자, 친구와 약속한다면 지키지 못할 때 부정적 감정이 일어난다. 원인이 무엇인지 알아보고 억압하지 말아라. 받아들일 때 편해짐을 알게 된다.

숨어 있는 감정은 죄가 없다. 감정에 따른 행동이 당신을 괴롭히는 것이다. 숨어 억압된 감정은 당신을 흔들 것이다. 자신의 감정에 책임을 진다면 자유를 향해 달려간다. 하루 몇백 번 감정은 왔다 갔다 한다. 어디서 감정이 오는지를 살펴보자. 조건에 따라 변함을 알 수 있다. 내면에서 시비를 가리고 좋고 나쁨에 감정은 요동친다. 자의건 타의건 만든 감정은 누구의 책임이 아니다. 단지 표출했을 때 반응이 예측 불허이다. 감정에 솔직해지자는 말은 자신의 내부를 보고 있는 그대로 보는 것이다.

자기감정에 솔직하지 않다는 것은 내면이 불안하다는 증거다. 지금까지 자신을 속였다면 괴로웠을 것이다. 남에게 맞추는 삶이 매우 힘들고 결국 당신을 지치게 한다. 비위를 맞출 필요는 없다. 자기감정을 잘 느끼려면 부정적 감정도 느끼는 것도 좋다. 부정성을 애써 감춘다면 감정은 고여 잠재의식에 저장된다. 당신도 속이는 데 익숙해져 간과하고 있다. 관계에서 의존하는 마음에서 벗어나야 한다. 당신의 감정을 인정받기를 바란다면 금방 지쳐버린다. 왜냐하면 당신의 감정은 누구의 책임도 없기 때문이다. 서로 존중하는 관계로 나아가야 당신이 감정에 솔직할 수 있다. 관계 지속을 위해 상대에게 맞추기만 하면 당신은 지치게 된다. 결국 병이 나고 만다. 스트레스가 되어 가슴에 덩어리가 만들어져 괴롭히게 된다.

솔직한 감정을 인정하면 모든 관계에 있어 있는 그대로 보는 힘이 생긴다. 에너지는 흘러가게 된다. 감정을 솔직하게 표현하되 책임은 자신에게 있다. 진정한 자유가 시작된다. 작은 것부터 실천해 보길 바란다. 억압하며 살아온 당신에게 선물이 될 것이다. 감정 하나에 사랑을 담아 보내 보길 바란다. 불안이 왔을 때 자신의 감정을 관찰하고 느끼고 흘려보내 보자. 타인과의 관계에서 감정에 진정성이 담기면 관계는 더 가까워진다. 감정만 잘 풀려도 문제들이 쉽게 풀려나간다.

상대의 감정을 살피고 자신의 감정을 상대와 매칭되면 대화는 원활히 흘러간다. 상대의 감정을 드러내면 함께 감정을 표현해보아라. 상대의 감정을 살핀다는 것은 상대의 말을 듣고 있다는 표시이다. 상대의 감정을 보고 자신의 감정을 솔직하게 표현하는 연습이 좋은 관계의 시작이다.

나를 어떻게 하면 잘 표현할 수 있을까? 일단 우리는 가면부터 벗어 버려야 한다. 자기가 쓰고 있는 역할의 가면이다. 상대와 비교하는 마음이 작용한다. 고정 관념에 묶인 자신이라는 사람의 정의를 내려놓아야 한다. 규정지은 자신에 대한 표현이 감정을 흐르지 못하게 한다. 나라는 자신은 매일 롤러스케이트를 탄다. 좀 더 유연하게 감정을 표현하는 게 관계를 편하게 한다.

사람들은 자신의 취약점을 드러내길 꺼린다. 상대에게 자신의 상처를 감추어 버린다. 내가 먼저 취약점을 꺼낸다면 상대는 당신에게 무장해제 된다. 감정이 교류되고 있어야 한다. 감정 표현에 공부가 되면 대화가 따뜻하게 풀려나간다.

매일 생각을 한다. 생각은 수많은 감정을 낳는다. 감정이 불필요한 것이라면 그냥 흘려보내 보자. 불필요한 감정을 골라 느낄 수는 없다. 우리는 하루 동안 긍정적 감정보다 부정적 감정을 더 느끼며 산다. 쓰레기 같은 감정에서 벗어나려 애를 쓴다. 불쾌한 감정을 환영하기는 어렵지만 함께해보는 방법이다. 잠시 느껴주고 알아차리는 게 중요하다. 억누를수록 몸의 반응은 일어난다. 몸의 신호에 귀를 기울여야 한다.

내게 온 불쾌한 감정을 바라보자. 그리고 일어나는 감정을 사랑하도록 하자. 많이 느껴주는 감정은 떠나간다. 감정 살피는 연습은 당신을 자유롭게 해준다.

말하고 싶을 때 30초만 세어라

"내뱉는 말은 상대의 가슴속에서 수십 년 동안 화살처럼 꽂혀 있다."
-홀랜드

삼삼오오 만나면 우리는 다른 사람을 안주 삼아 뒷담화를 한다. 남의 이야기는 깨소금 냄새가 날 정도로 재밌다. 부정적인 말들이 얼마나 에너지를 소모하는 줄 모르고 한다. 상세하게 남과 비교를 얼마나 많이 하고 있나? 아침부터 저녁까지 당신이 한 비교, 비판을 나열해 보길 바란다. 엄청 많은 것에 놀랄 것이다. 소설을 써도 몇 권을 쓰고 남는다. 하루 중 남 이야기를 얼마나 하는지 알면 기절초풍할 일이다.

대상을 바라볼 때 선입견을 두고 본다. 한 사람을 처음 보면 우리는 머리부터 발끝까지 스캔을 해버린다. 옷차림을 보고 잘사는 사람이라고 판단하기도 한다. 깔끔한 인상을 보고 예의가 있다고 믿어 버린다. 자신의 비판이 맞기도 하고 틀리기도 한다. 자신이 생각한 이미지가 벗어난다면 대단히 실망한다. 자신이 판단한 대로 상대를 대해버린다. 바로 말을 해버렸을 때 불편한 상황을 만든다.

판단하는 것은 자유이다. 우리가 판단을 쉽게 하듯이 상대도 자유로이 판단한다. 판단의 오류가 발생했을 때 후회한다. 수많은 오해로 파생되는 문제는 도미노로 일어난다. 타인을 판단하기에 앞서 자신을 돌아봐야 한다.

지인의 초대로 음식점을 갔다고 하자. 지인이 사기로 약속된 장소이다. 당신이 먼저 도착한다. 우아하고 멋진 고급 레스토랑이다. 자리를 안내받고 선지급이라고 했다면 어떨까? 순간 당신은 지인이 미울 것이다. 당황하며 당신이 계산한다. 앉아 있는 당신은 기분이 나쁠 것이다. 난처한 상황을 어떻게 하나 생각에 잠긴다. 두 가지이다. 문제가 있을 거야. 아니면 나에게 일부러 골탕 먹이려 한 거야. 화가 난 당신은 지인께 전화하여 무례함을 퍼붓거나 지인이 오길 기다리며 두 가지 중 선택한다. 지인이 미소를 짓고 도착한다. 반갑게 인사를 하고 아무 일 없듯이 앉아 당신의 안부를 물을 것이다. 당신은 굳은 얼굴로 인사한다. 지인은 식사하자고 눈인사를 건넨다. 뷔페라서 맛있는 걸 먹어보자고 한다. 예약하고 식사비는 결제했다고 말한다. 순간 당신은 미안해진다. 바로 전화하여 심장이 뛰듯 화를 냈다면 다시 돌아가 망쳐 버릴 것이다. 가만히 지인의 상황을 관찰하고 들어보기로 했다면 당신 안에서 요동이 멈추었을 것이다. 우아하게 식사하는 당신과 지인은 평온 속에 즐기게 된다.

타인을 판단하는 오류는 큰 파장을 일으킨다. 살면서 우리는 다양하게 겪게 된다. 시간을 두고 보는 여유로움을 가져 보자. 타인에 대한 여유로움은 어디서 올까? 내면으로 들어와야 한다. 당신의 에고가 하루 종일 지껄이는 말들을 당신은 알아야 한다. 다 믿는다면 당신은 하루라도 편안하게 생활을 유지하기 힘들다. 나뭇가지 위에 있는 참새들을 보자. 유유히 바라보다 후다닥 날아가버린다. 당신의 마음도 한 마리 새와 같이 지나가고 날아가 버린다. 아무 일 없듯이 말이다.

나는 생각들로 힘들 때는 나뭇가지 위의 새를 생각한다. 고요히 머물다가 가라고 말한다. 지나고 나면 타인의 비판은 사라지고 사랑으로 바라보게 된다. 상대는 알게되어 있다. 당신이 상대를 바라보는 마음을. 에너지로 느끼게 된다. 부드러운 가지는 꺾이지 않고 유연하게 휘어진다.

타인의 마음을 얻고 싶은가? 마음은 잠시 전선 위의 새와 같아 후딱 날아가 버린다. 날아가는 새를 잡아보겠다고 말이다. 인생의 절반을 소비하게 된다. 잡으려 할 때 더 날아가 버리기 마련이다. 마음을 얻기보다 상대를 있는 그대로 보는 것이 더 빠르다. 인정은 받으려 하기보다 주는 게 쉽다. 상대도 인정 욕구를 당신에게 받고 싶어 한다.

우리는 타인을 판단하기보다는 지금 모습 그대로 보려 해야 한다. 변하면 변한 모습 그대로 수용한다면 당신의 마음은 분노가 사라질 것이다. 나와 타인은 언제든지 변할 수 있다. 지금 있는 그대로 본다면 당신 안의 에고는 수그러들 것이다. 에고를 잠재우는 방법은 있는 그대로 보는 그것밖에 없다.

힘겹게 지금까지 온 마음은 쉬어갈 타임이 필요하다. 타인을 급하게 자신만의 생각으로 판단하는 걸 멈춘다면 삶이 한결 가벼워진다. 타인을 바라보는 시선 또한 따뜻하게 바라보게 되어 문제는 저절로 풀어 나가게 된다. 당신이 노력하지 않아도 저절로 풀려나가게 되어 행운이 왔다고 생각할 수도 있다. 힘들지 않고 관계가 좋아지고 원하던 곳에 가 있기도 하다. 바라보는 시선을 바꿨을 뿐인데 많이 변화한다.

변화하는 삶을 방해하는 것은 우리가 타인을 비판하고 판단을 빨리하는데 있다. 우리가 이 세상에 온 것은 새로운 경험을 하고자 온 것이다. 당신이 타인을 당신 안의 마음으로 단정 지어 버린다면 한계에 갇히게 된다. 좀 더 폭을 넓게 생각을 해보아야 한다. 당신이 마음을 열어 두고 있다면 일어날 일들에 두려워할 필요가 없다. 자신이 생각한 타인의 마음은 변한다는 것을 알아야 한다.

우리는 누구나 빛나는 보석이다. 당신이 타인을 비판하고 당신의 마음으로 판단을 해버린다면 삶이 힘들어진다. 동굴 속으로 들어가고 싶은가? 당신의 마음에 달려 있다. 외부는 당신이 생각하는 상상의 결과물이라고 보면 된다.

타인을 이렇다 저렇다 판단하지 말아야 한다. 살면서 내려놓을 것은 사람을 자신의 잣대로 판단해 버리는 것이다. 이야기하다 보면 상대가 타인에 대해 늘어놓으면 자신도 거들어야 한다는 마음으로 하기 시작한다. 떠오른 생각이라면 흘려보내 보자. 자신이 하루 종일 판단한 말들은 흘러가도 되는 말들이다. 생각들을 안고 간다면 당신의 가슴은 폭발하여 버릴 것이다. 어떻게 하면 타인의 판단에서 벗어나게 될 수 있을까? 생각이 올라오면 느낌이 따라 올라온다. 좋고 싫고를 내려놓고 떠오른 자체로 알아 차려보라고 한다. 떠오른다면 또 내게서 비판하는 마음이 올라온다고 생각하길 바란다.

내 주변과 사랑으로 채워 나가기 위해서는 타인을 고귀하게 바라봐야 한다. 판단하기에 앞서 시간을 주자. 우리 자신도 모르는데 타인을 비판하기는 너무 어렵다. 쉽게 한다는 것은 그만큼 모르기 때문이다. 타인의 생각으로 빌딩을 쌓기에 앞서 자신을 바라보며 원하는 것에 초점을 맞춰 보기 바란다. 여유로운 자신을 발견하고 외부로의 생각들이 있는 그대로를 보게 된다. 우리가 사물과 사람들을 있는 그대로 보고 사랑을 한다면 세상은 당신이 원하는 대로 굴러간다.

많은 경험 속에서 긍정이 긍정을 끌어당기는 것을 알게 되었다. 편안한 에너지가 순환되면 문제가 풀려나가는 것은 시간이 말해줄 것이다. 타인을 판단하고 싶어질 때는 내면의 에고에게 30초 시간을 주어라. 말하고 싶을 때 30초를 주자. 당신은 이 시간만 지나면 생각이 바뀔지 모른다. 판단에 앞서 이야기를 하고 싶으면 에고에게 30초를 세게 하여라. 당신은 에고를 바라보고 웃음이 나올 것이다. 당신은 잘못됨을 알고 멈추게 될것이다.

내가 하기에 앞서 30초를 세는 동안 불쑥 튀어나오는 말을 알아차리고 멈추게 된다. 오해와 실수를 줄일 수 있다. 상대의 말이 끝나면 심호흡하며 30초를 세고 말해보자. 작은 실수를 막을 수 있다. 최대한 경청하고 느리게, 느리게 말하는 연습을 해보자. 내면의 에고는 차분해지면서 상대와의 안정감을 준다. 상대는 당신과 대화를 하고 싶어 하고 시간을 보내고 싶어 한다.

상대가 말하고 30초를 기다리면 당신 입에서 나오는 말이 걸러진다. 당신의 말을 편집하길 바란다. 편집된 말은 상대의 공감을 얻을 수 있다. 가장 곤란하게 만드는 것은 생각 없이 하는 말이다. 생각에 30초만 주자.

당신이 쓰게 될 가장 비싼 수표책

"인간은 필요로 하는 것보다 더 많이 좋은 것을 갖고자 하는 욕구를 타고났다."
마크 트웨인

인생을 살면서 누구나 받고 싶은 욕구는 인정과 사랑 욕구이다. 무인도에 혼자 남는다면 이 욕구는 생각하지도 못하고 살 것이다. 봐주는 상대가 없어서 필요 없다. 사람과의 관계에서 바라보는 삶이 있어 치장하고 유명인이 되려고 애를 쓰며 산다. 상대에게 인정을 먹고 살아야 행복하다고 한다. 인정 욕구를 얻기 위해 비싼 수표책을 쓰게 되는 일이 일어난다.

남녀가 있다. 서로 인정과 사랑을 달라고 끊임없이 힘겨루기를 한다. 여자는 남자에게서 사랑을 갈구하고 매일 확인하고 먹고 자라고 싶다. 남자는 그런 여자가 자기를 인정해 주길 바란다. 사랑 욕구를 받기 위해 온 힘을 다하게 된다. 여자는 자기를 포장하기 위해 시간을 들여 치장하고 시간을 내 날씬한 몸을 만들기 위해 헬스를 한다. 가치를 알아주지 않으면 화를 내기도 한다. 태어나서 죽을 때까지 이 게임은 계속된다. 누군가의 인정을 받기 위해 큰 노력을 하고 비용을 지불한다.

남에게 인정받기 위해 시간을 쓴다면 수표책을 써야 한다. 유튜브를 보면 한강 경치와 멋진 집을 소개한다. 입구에서부터 고급 자재를 썼다고 말한다. 확 트인 거실에 비싼 가구들과 모든 화려함에 탄성이 나올 것이다. 멋진 집을 보며 언제 저런 집에서 살아볼까 하며 기가 죽는다. 드레스룸에는 명품들로 가득 차고 넘쳤다. 그 집에 사는 사람이 나와 뷰를 보여주며 흩날린 그림도 있다고 거든다. 부자라는 자부심에 인정받고 싶은 욕구가 가득하였다. 물질적 욕구는 끝이 없다. 사람들한테 인정받고 싶어 비싼 옷을 두르고 명품 백을 메고 싶어 한다. 연예인들의 삶을 보며 부러워한다. 그들이 인정받기 위해 쓴 수표책은 엄청나게 썼다. 안쓰럽기까지 하다. 그들을 인터뷰하면 보이는 것이 다가 아니라고 한다. 남 보기에 부족함이 없어 보이는데 자살하기도 한다. 부와 명예에 도달하는 순간 허망하다고 한다.

우리는 인정과 사랑을 받기 위해 노력한다. 배터리가 소진되고 만다. 돈을 버는 목적도 남과 비교되는 좋은 곳에서 살고 과시하는 마음도 있다. 사랑받기 위해 애를 쓰는 마음은 애처롭기까지 하다. 외부로부터 자신을 인정받고 살고 싶은 마음이 크다. 사랑을 외부에서 찾아 헤맨다. 밖으로 찾아나서며 자신의 에너지를 바닥까지 쓰고 만다. 지쳐 에너지가 고갈 때까지 찾아 나선다. 누군가 사랑을 해주길 바라고 계속 주길 바란다. 그러나 상대도 가지고 있지 않다. 퍼주고 싶어도 줄 사랑이 없다. 상대도 당신에게 사랑받길 원한다.

사랑은 상대가 있어 받는 것이라 생각했다. 나 역시 사랑과 인정을 위해 시간과 수표책을 썼다. 욕구는 상대에게 집착을 낳는다. 상대가 줄 때까지 떼를 쓰는 행위를 하게 된다. 참으로 재미있는 일이다. 창고에 인정과 사랑이 고갈된 사람에게 달라고 한다. 안주면 미워하고 화를 낸다. 반복하며 이별도 한다. 줄 수 없다는 것을 알았을 때 다른 사람을 찾는다. 상대도 텅 비어 있어 줄 수 없다고 한다. 서로 달라고 찾아다니는 게임을 반복한다.

직장 내에서도 인정과 사랑 욕구를 달라고 한다. 일에 인정을 받으면 에너지가 발산되고 잠시 기쁘고 또 받기 위해 기를 쓴다. 인정과 사랑 욕구에서 벗어나지 못하는 한 자유로워질 수 없다. 상대의 집착에서 벗어날 수 없다.

『러브 유어 셀프』 저자인 로렌스 크레인도 남이 부러워할 부와 명예를 가지고도 자살하려 했다. 레터스 레번스를 만나고 깊은 깨달음을 알았다. 자신을 사랑하라는 평범한 말을 던지며 내안의 사랑을 보라고 했다. 바로 이 간단한 진리이다. 찾아 헤매며 우리가 간과했던 사랑이 자신 안에 있다는 것을 말이다. 지금은 밖에서 사랑을 찾지 않는다. 내 안에 사랑을 알고 외부에서 받으려고 애쓰지 않는다.

해외에서 외롭고 두려움이 올라올 때 사랑이 내 안에 있음을 알고 기쁨의 눈물을 흘렸다. 그토록 찾아 나섰던 사랑이 내 안에 있었다. 지금도 찾아 타인에게 받으려고 수표책을 쓰고 있는 사람들이 많다. 타인에게 인정받을 필요 없이 당신 안에 있다. 인정 욕구 몇 마디 얻기 위해 많은 시간을 소비하고 살았다.

왜 다 갖추고도 행복하지 않다고 하는 것일까? 로렌스 크레인도 그랬다. 자살 충동까지 일었다고 한다. 내면을 항상 들여다보아야 한다. 타인에게 인정받고 싶을 때 그들도 없다는 것을 알아차리길 바란다. 내면에 있음을 알면 세상을 보는 시야가 달라진다. 인정과 사랑에 쓰는 수표책을 멈추길 바란다. 타인을 관찰해야 한다. 사랑과 인정 욕구를 바라는 눈빛을 보면 자신이 그랬다는 것을 알게 된다. 상대에게서 사랑을 갈구할수록 괴롭다. 자신의 에너지가 고갈됨을 안 순간 괴로움에서 벗어날 수 있다.

자신 안에서 사랑을 찾는다면 타인에게 요구할 필요가 없어진다. 인정 욕구를 받고 싶을 때 삭제 버튼을 눌러 버린 순간 타인에게서 벗어나게 된다. 잘 보이기 위해 포장할 필요가 없어진다. 과시하는 삶을 멈추면 당신에게 모든 에너지를 쓰게 된다. 남과 비교한 삶에서 벗어나 있는 그대로 자신을 보게 된다. 상대 역시 있는 그대로 보게 된다.

자신 안에 사랑을 찾고 자신을 사랑하게 되면 타인을 사랑으로 바라본다. 하루가 행복하고 지금, 이 순간이 사랑이 된다.

타인에게 요구할 인정과 사랑을 자신 안에서 찾아보아라.

무의식을 알면 인생이 풀린다

"무의식이 인간 행위의 진정한 장소이다."

한국으로 귀국하고 벌써 6개월이 지나간다. 많은 일들이 있었다. 자리를 잡기 위해 사무실도 알아보고 한국에서 적응하기 위해 애를 쓰며 살았다. 틈틈이 갤러리를 다녔다. 보고 싶은 그림도 보며 책을 한 권도 쓰게 되었다. 나를 위한 시간이었다. 마음공부를 하며 나름 잘 보낸다고 생각했다. 떠오르는 부정적 감정을 처리하는데 아직도 미숙한 점이 많다. 하루 중 외부의 타인 말에 내면과 갈등으로 문제를 고민한 적이 있을 것이다. 고민을 들여다보며 어디서 왔나? 유심히 보길 바란다. 고민은 이후 아무 일이 아닐 때가 있다. 밤새 잠을 못 자고 뒤척이며 만들어 낸 이야기는 진실이 아니다. 인생의 반은 부정의 속에 고민하고 살지도 모른다. 당신도 예외일 수는 없다 인간은 그렇게 설계되어 있다.

우리의 무의식에 잠재된 것은 당신의 의지와 상관없이 들어와 있다. 마구잡이로 들어와 당신의 마음을 흔든다. 비판과 비교로 당신을 흔들어 버린다면 우리는 무방비 상태로 끌려간다. 여러 가지 일이 발생하는 데 필요 없는 에너지를 소비하고 실수하게 된다. 내면이 지껄이는 자를 잠재우고 싶을 것이다. 하루도 가만히 있지 않는 내 안의 에고이다. 길들이기도 힘들 다. 연속성이 떨어져 다시 제자리로 돌아가려 한다. 본능이다. 우리는 불쑥 튀어나오는 것들에 속고 만다. 자신이라고 착각하므로 괴로운 것이다. 밤을 새우며 생각의 꼬리를 물고 끝나지 않은 자신과 싸운다. 많은 시간을 날 밤을 새우며 불덩어리와 하나가 되어 뒹굴었다.

작은 거 하나에도 마음이 불편한 적 많다. 내 생각과 일치하지 않는 것 하나도 신경을 건드린다. 그렇다면 당신은 속고 있는 것이다. 괴롭고 두려움이 와서 지나가면 당신도 사라질까? 아니다. 고통이 지나간 자리에 당신이 있다. 나는 많은 세월을 반복하며 두려움에 떨고 살았다. 시간이 지나고 나의 본성은 행복이라는 걸 알았다. 몸과 마음이 자신이 아니라는 것을 알아야 자유로운 삶을 살 수 있다. 잠재의식을 몰라 삶이 힘들었다. 이 깊은 깨달음에 매우 감사하게 생각한다.

우리가 알아차리고 행복하게 살기 위해서는 내면의 매일 지껄이는 에고를 믿으면 안 된다. 믿는다면 고통의 씨앗이 되어 기절할 것이다. 괴로워 아무 일도 할 수 없다고 한다. 당신의 생각이 당신이 아니라는 것을 알아차려야 한다. 마음을 보는 관찰자가 되어 보자.

사람들은 마음이 만든 이야기가 현실이 될까 두려워한다. 시간이 지나고 어땠나? 아무 일 없을 때가 더 많았다. 심신이 불편했던 것이 에너지를 고갈하게 한다. 당신의 삶을 원활하게 가고 싶다면 내면 당신의 부정적 생각을 의심해야 한다. 문제가 발생할 때 당신은 자신을 바라보길 바란다. 바라보는 연습을 해보자. 외부에서 내부로 들어와 당신을 알아차려 나가야 한다. 몸과 마음이 당신이 아닌 것을 알아차리라는 것이다. 진실하지 못한 문제를 만들어 괴로울 필요가 없다.

당신은 당신이 만든 문제에 집중한다면 문제가 더 가중된다는 사실을 알아야한다. 당신이 기적 같은 삶을 원한다면 알아차림에 대해 실천 방법을 알 필요가 있다. 나는 누구인가? 생각해 본 일이 있다. 누군가? 나는 진정한 모습은 순수의식 창조주의 딸이라고 말한다. 왜냐하면 마음공부를 하며 자신을 찾아 나선 여정은 결국 내면의 나를 보는 것이라는 걸 알게 되기 때문이다. 몸과 마음이 내가 아니라는 것은 처음에는 이해가 잘 안 되었다. 눈으로 보이는 육체가 내가 아니란 말인가? 그것이 사라지면 나도 사라지는가? 나는 몸 안에 있는 게 아니라는 걸 알게 되었다. 우리의 두려움이 사라졌다고 당신도 사라지는가? 지금, 이 순간밖에 없다. 지나간 인생은 필름처럼 지나간다. 그래서 오직 의식만이 존재한다고 한다.

마음과 몸이 내가 아니면 몸과 마음을 도구로 사용하면 된다. 복잡하고 힘든 생각이 있다면 관찰하며 알아차림으로 들어가자. 첫째 당신이 하는 것을 바라보라. 부정적인 생각으로 괴롭다면 누가 만들었나 살펴보길 바란다. 관찰자 관점에서 바라만 봐도 서서히 사라져 간다. 당신이 만든 것이라 가능한 것이다. 분노와 같은 부정 감정은 엄청난 에너지가 필요하다. 감정은 나타났다 사라짐을 당신은 기억해야 한다.

당신에게 불안한 마음이 급습해 온다고 해보자. 당신 몸은 긴장감에 움츠러들고 숨이 막힐 지경에 오를 것이다. 크게 한숨 쉬고 이런 감정을 가진 것은 누구일까? 오고 있다면 가는 것을 지켜보라. 지나간 자리를 알아차림은 당신에게 큰 행복을 가져다준다. 고통 없는 세상으로 길이 열리게 되는 것이다. 지난 일에 후회도 밀려온다. 괜찮다. 지금 당신이 알았다면 최고의 인생을 살게 된다. 나는 이 비밀을 알고 삶이 훨씬 가벼워지고 행복했다.

살며 뼈저리게 느낀 게 있다. 올라오는 감정에 쉽게 믿고 혼자 힘들어했던 날들이 많았다. 감정이 무엇이고 어디서 왔을까? 바라보며 감정을 흘려보내기 연습하다 보면 당신은 원하는 현실만 끌어당길 수 있다. 우리는 계획하고 목적을 실행하는 것을 두려워 시작하지 못한다. 왜 나는 못하고 있나? 감정은 어디서 왔나? 질문을 하다 보면 감정이 사라진다. 감정은 왔다 가는 물질이라고 할 수 있다. 우리가 원하는 것에만 보고 간다면 부정적인 것은 틈으로 들어올 수 없다.

부정적인 감정을 알아차려라. 지나게 두어라. 긍정적인 감정으로 자신이 원하는 곳으로 초점을 맞추어 나간다면 일이 술술 풀린다. 불안하고 괴로움을 알아차림으로서 마음이 행복해진다면 문제는 풀려나간다. 당신이 무얼 생각하는지 알아차리는 말은 바라보라는 뜻이다. 무얼 어떻게 하려 애쓰지 마라. 더 깊숙이 들어가게 된다. 자신이 편안해지고 고요해지면 하고 싶은 것을 하게 된다.

알아차림을 연습한 뒤로 마음이 많이 편해짐을 알게 되었다. 몸과 마음을 자신과 동일시만 하지 않는다면 기쁨만이 남는다. 매일 자기 전 무의식에 긍정의 언어를 넣자. 아침에 일어나서 생각하는 것이 무언가 알아차려 보자. 부정적 감정에 덜 영향을 받게 된다. 부정적인 것을 더 알아차리게 됨을 알고 더 이상 생각에서 벗어날 수 있다. 알아차림은 위대하다. 극소수만이 알아차림을 알고 생을 마감한다고 한다. 당신의 인생은 소중하다. 생각을 당신이 아님을 알아차려 흘려보내 보자. 하루 중 수도 없이 뇌 속에서 움직이고 있는 생각들은 부정이든 긍정이든 흘러간다. 생각에 매몰되면 당신은 고통 속에서 헤어 나올 수 없다. 당신 앞에 흘러가는 마음을 바라보는 시간은 치유의 시간이다.

행복으로 가는 조건은 고통이 없는 삶이다. 고통이 흘러가게 두자. 고통을 마주하며 아파해도 된다. 정면으로 마주하는 것도 좋다. 슬퍼서 격하게 울고 나면 마음이 안정된다. 인정을 받은 내면의 고통은 흘러갈 것이다. 마음이 한결 가벼워짐을 느낄 수 있다.

자신 앞에 펼쳐진 일들을 알아차리는 순간 고통의 늪에서 나올 수 있다. 무의식을 보면 당신의 마음을 편집할 수 있다.

나대로 살기 위한 내면수업

　나대로 살기 위해서 우리의 내면이 단단해져야 합니다. 인간의 내면은 현재 의식과 무의식으로 나누어져 있습니다. 무의식의 영역은 우리가 생각한 대로 여과 없이 담아냅니다. 그래서 자기감정을 살펴 마음이 만든 걱정을 알아차려 버려야 합니다. 지금도 충분한 당신은 타인에게 사랑과 인정을 받으려는 인정 욕구에서 벗어나야 합니다. 이미 자신 안에 사랑이 있다는 것을 안다면 타인에게 비싼 비용을 들여 인정 욕구를 구걸할 필요가 없습니다. 지금도 충분합니다.

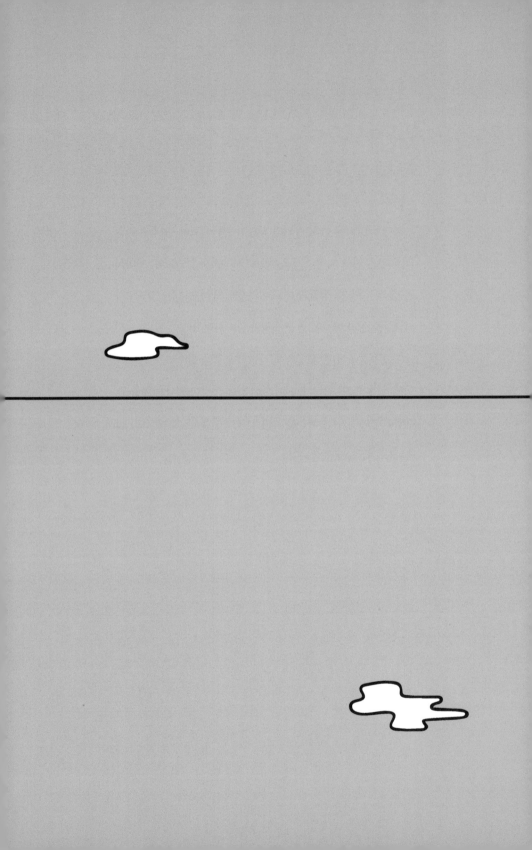

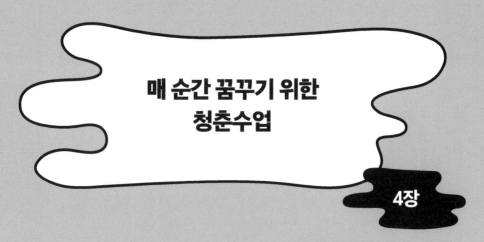

매 순간 꿈꾸기 위한
청춘수업

4장

당신의 미래를 드러내라

"미래를 생각하지 않는다면 아무것도 가질 수 없다."

2022년 영국서 출발한 비행기는 프랑스에 도착하였다. 짐을 풀고 전철을 타고 에펠탑으로 향한다. 에펠탑을 본 순간 온몸에 전율이 흐른다. 장엄한 에펠탑 그 자체로 압도하기에는 손색이 없다. 시간은 10년 전으로 돌아간다. 해외에서 일하며 머무는 동안 가고 싶었던 나라인 프랑스에서 일을 하고 있는 상상을 했다. 이미 간 것처럼 온몸에 담고 상상을 해본다. 상상한대로 꿈이 펼쳐진다. 20개국을 돌며 상상한대로 삶을 살았다.

생각으로만 끝났다면 아무 일도 내 앞에 일어나질 않는다. 마음을 미래에 두고 가면 반드시 우리 앞에 놓이게 된다. 현재의 이 자리도 당신이 과거에 상상한 창조물이다. 사람들은 행운이 왔다고 생각한다. 사실은 당신이 생각한 것이다. 젊어서 못해본 일상들조차도 한번 해보고 싶다는 생각이 든다. 상상을 해보자. 어느 나라를 가고 싶은가? 이탈리아에 가고 싶은가? 이탈리아 사진을 보고 당신이 이미 가서 일어난 일들을 이야기로 만들어 보아라. 당신의 잠재의식에 이탈리아는 각인되어 남는다.

가끔 나는 생각했던 게 나타날 때면 놀란 적이 많았다. 가지고 싶은 가방이 있어 사진으로 보며 좋아했던 적이 있었다. 그 이후로 잊어버리고 지냈다. 프랑스에 갔을 때 백화점에서 보고 길에 지나가도 보였다. 가는 곳마다보이는 빈도수가 늘어났다. 생각하고 잠재의식에 각인시키면 우주는 알아서 움직인다. 당신이 걱정하고 의심할 필요가 없다.

지금 우리가 편리하게 쓰고 있는 모든 것은 누군가의 생각에서 나온 것이다. 나는 끊임없이 경험할 게 무엇이 있나 상상한다. 상상한 대로 펼쳐지는 것을 알기 때문이다. 상상이 곧 현실로 이어진다.

우리의 상상은 어디든 가게된다. 하고 싶은 것도 상상하고 생각하며 느낀다. 지금 원하는 게 무엇인가요? 되고 싶은 게 있나요? 이미 되었을 때의 감정을 느껴보기를 바란다. 나는 화가에 대한 꿈이 있었다. 어려서 생각만하고 말았다. 지나쳐 버린 꿈은 시간이 지나고 화가가 된 상상을 했다. 화실에서 그림을 그리고 백발의 머리에 고요한 풍격에서 그림을 그리는 여인을 상상했다. 꽃을 좋아해 영국 학교에 다녔고 꽃을 든 여인을 주제로 현재그림을 남기고 있다. 나의 그림을 보고 사고 싶은 사람도 생겼다. 이미 나는 화가이다. 화가가 된 기분으로 그림을 그리기 시작한다. 나의 태도가 이미 화가이다. 당신에게 꿈이 있다면 상상하고 미래로 가서 이미 되었다고 시작한다. 당신이 상상하는 무엇이든 좋다.

원하는 삶에 대한 상상은 행동을 이끌어간다. 나는 화가에 대해 상상하고 파리에 가서 갤러리를 돌아보기도 했다. 우연히 르브루 박물관을 관람하고 오는 길 파리에서 그림 공부하는 학생을 만나기도 했다. 우리는 에펠탑으로 향하는 기차에 마주 보고 앉아 이야기를 나눈다. 그 여학생은 플라워에 관심이 많았다. 나는 그림에 관심이 있다고 말했다. 서로 공유하며 시간 가는 줄 모르고 이야기했다. 상상하게 되면 관련된 환경을 우주가 우리 앞에 가져다준다. 당신이 일일이 간여하지 않아도 당신 앞에 놓인다. 잊어버리고 생활하다 보면 당신이 원하는 것을 하게 되는 놀라운 일이 일어난다. 나는 화가의 꿈을 상상하고 폴란드에서 우크라이나 화가를 만나 그림을 배우게 되었다.

자신이 변하고 싶은 대로 미리 상상해 보아라. 마음이 어디로 향하는가를 따라가 보길 바란다. 화가가 되기 위해 저를 이미 화가로 상상하고 받아들였다. 자신을 바꾸는 것은 자신밖에 없다. 이미 당신은 그곳에 두길 바란다.

이미 원하는 것이 당신이라고 믿어라. 나는 이미 된 것부터 시작하여 해외에서 일을 했고 배우고 싶은 것을 하게 되었다. 원하는 것을 생각해 보

자. 당신이 마음을 과거에 둔다면 지금을 사는 것이 아니다. 이루어졌다는 확신을 두고 과거를 버리고 지금 머물러 보자. 과거에 두고 과거만 이야기 한다면 후회하게 된다. 과거와 이별을 해야 한다.

미래에 둔 삶을 의심하지 말고 새로운 자아에 집중해 보자. 어제의 나는 내가 아니다. 과거의 자신도 지금의 자신이 아니듯 지금에 집중해 보세요. 원하는 것에 집중하고 상상 속에 살아야 한다. 나는 화가로 살면서 주변에 일어나는 일에 놀랐었다. 심지어 미술 평론가까지 내 주변에 오기도 했다. 우리가 상상한 세상 속에 살아야 한다.

저녁 잠들기 전 자신이 그리는 상상을 마음껏 느껴보자. 지금의 장소로 만들고 현재로 만들어 겪는다고 느껴보자. 마음 안에서 이미지가 느껴질 때까지 해보자. 화가의 꿈을 상상했을 때 미국에서 머물렀던 집에 그림 관련 책과 그림들이 벽면을 차지했다. 당신에게도 신기한 일들이 일어날 것이다.

소망이 이루어졌다고 이미 느끼고 성취된 것에 무한 감사하길 바란다. 역할 속의 주인공이 되어 경험하고 만들어 나가 보자. 모든 것들이 당신이 원하는 것들을 가져올 것이다. 영상들을 당신 것들로 받아들인다면 곧 당신 앞에 놓이게 된다. 눈을 감고 원하는 모습을 영상으로 만들기 바란다.

이미 다 된 임에 다름없다.

나는 아침에 일어나면 잠깐의 침묵 속에서 이미 내가 바라는 자아상을 그린다. 원하는 모습이 어떻게 되는지는 걱정하지 않아도 된다. 누군가에게 말하지 말길 바란다. 아무 도움이 안 된다.

소망이 이루어진 느낌이 당신이 원하는 결과를 얻는데 도움이 된다. 잠들기 전 자신이 생각을 미래로 조절하길 바란다. 느낌 속에서 있는 자신을 보고 계속 연습해야한다. 원하는 그것이 무엇인지를 뚜렷하게 정해보자. 단순하게 한 가지만 상상해 보자. 소망이 이뤄졌을 때의 모습을 상상해 보길 바란다. 간결하게 나타내자. 상상은 당신이 할 수 있게 만든다. 타인을 바꾸려고 애를 쓰기보다 최고의 방법은 자신의 관념을 바꾸는 것이었다. 자신을 상상한 대로 두고 가길 바란다.

당신의 미래를 상상으로 드러내라. 상상한 대로 우리는 살게 된다.

4장 매 순간 깨우기 위한 청춘 수업

멈추면 기회가 오지 않는다

"기회는 살며시 왔다 쏜살같이 달아난다."

오랜만에 지인이 나를 만나러 왔다. 눈이 내리는 2월의 서울에서 많은 생각이 지나간다. 지인과 이야기하며 추억을 더듬어 본다. 지나간 추억은 많은 감정의 종합선물 세트다. 어린이날이면 여러 종류의 과자가 골고루 썩어 있는 종이상자를 받은 기억이 있다. 상자 뚜껑을 열어 보고 먹고 싶은 것이 있으면 미소가 번진다. 추억의 종합 선물 세트가 지나온 삶이라고 생각해 보자. 그 맛을 안다면 안 먹고 싶은 것도 있고 달콤한 것도 있다. 추억을 이야기하며 슬픔과 기쁨을 공감하며 지인과 한참을 이야기했다.

지금이 미래라고 상상하고 아쉬울 게 무엇일지 생각해 보길 바란다. 지금 당신 안의 희망을 멈춰 버리면 어떤 결과도 오지 않는다. 경험이 많은 삶은 당신을 다시 일으킬 수 있다. 지인과 이야기 중 삶을 아쉬워하고 있음이 보였다. 나는 원 없이 다했다고 말했다. 지금 삶이 만족하지 못한다면 우리는 미래도 불만으로 가득 채울 수밖에 없다. 미래는 다가오지 않은 지금이다. 종합선물 세트를 받고 싶은가? 당신의 감정이 중요하다. 당신은 무엇이 당신의 발목을 잡는다고 생각하는가? 지인과 마주하며 이야기를 들으며, 있는 그대로 보려 한다. 내 마음이 섞이지 않는 지인의 에고를 보았다. 과거와 현재를 오가며 외부의 세상으로 카메라 렌즈를 설치하여 당신을 보고 있다.

카메라 렌즈의 방향을 돌려 외부를 바라보게 돌려 보자. 당신의 마음이 세상을 향해 비추도록 해본다. 당신 안의 에고를 관찰하여 앞으로 나아가 보자. 남의 시선은 무시하고 오직 당신을 향한 마음을 보자. 두려움에 떨고 앞을 나아가는데 망설이는 당신을 관찰하여 보아라. 변화의 두려움에 떨고 있다.

멈추어 버린다면 다가올 기회를 얻지 못한다. 인생을 한번 돌아보라. 당신이 새롭게 변화고자 하는 믿음이 있을 때 주변에 당신에게 딱 맞는 것이 다가온다. 나는 수많은 선택지 앞에서 주저하고 싶지 않았다. 내 안을 들여보며 무엇을 원하는지를 보았다. 주변 돌아가는 조건은 자신이 원하는 대로 가고 있음을 알 수 있다.

불과 8년 전부터 외부 세상에 관심을 가지고 해외로 나가고 싶을 때 기회가 되어 나가게 되었다. 생각하지 않고 머무는 곳에서 있었다면 그런 일들이 벌어질 수 없었다. 당신은 지금 어떤 것에 호기심이 있는가? 따라가 보길 바란다. 당신이 선택한 길은 생각과 동시에 작은 일부터 벌어진다. 나는 나이를 불문하고 혼자의 시간을 가지고 혼자 할 수 있는 일을 찾아 떠나보라고 한다. 혼자 있을 때 우리는 자신을 바로 바라보고 원하는 것을 마음에 두게 된다.

원하는 인생을 살고 싶어 변화의 물결에 던지는 사람이 있다. 누구의 삶이든 고귀하고 중요하다. 나는 8년간의 대장정에 일어났던 일들이 지금 생각해도 많이 풍요로웠다고 느낀다. 많은 경험은 머물렀다면 일어날 수가 없다. 단조로운 삶일 수도 있었다. 결심하고 이동하는 환경에는 미리 준비하고 있듯이 일들이 펼쳐졌다. 미술 공부를 하고 싶었던 나에게 폴란드에서 우크라이나 화가가 내 앞에 나타나 있었다. 당시 믿을 수 없는 상황에 신기했다. 멈추지 않고 앞으로 갔기 때문에 상상한 대로 펼쳐졌다.

애쓰지 않아도 일어날 일은 일어났다. 환경을 바꿀 필요가 있었다. 글을 쓰기 위해 매일 블로그에 여러 가지 주제로 글을 올렸다. 처음은 익숙하지 않아서 힘들고 지루하지만, 일상을 바꾸어 놓았다. 반복의 효과는 대단하다고 본다. 자신이 바꾸고 싶은 것을 조금씩 한다면 마음의 부담감을 덜어낼 수 있다. 당신이 계속하겠다는 끈기만이 가능하게 한다.

인생의 여정은 누구에게나 기간은 정해져 있다. 여정을 어떻게 만들지는 당신의 머릿속에 담아두고 있다. 고인 물이 되기보다는 흐르기를 선택한다. 앞으로 나아갈 방향을 현재에 맞추고 가면 된다. 마음이 두려운 것이지 원래의 마음은 사랑이고 순수의식이다. 자신의 몸은 지구에서 잘 사용하고 가라는 도구에 불과하다. 마음도 도구이다. 당신이 아니다. 생각은 시간마다 흘러간다. 과거에 당신의 생각은 지금 여기 있는가? 없다. 지금 생각도 미래에는 아니 당장 사라진다. 마음의 굴레에서 벗어나 지구별에서 신명나게 놀다 가라 한다.

끊임없는 호기심을 간과하지 말아야한다. 나이와 상관없이 호기심과 내면의 열정은 있다. 당신 안에 원하는 것을 보고 나아가길 바란다. 나중에 하면 된다. 그날이 올까? 오지 않는다. 지금 하지 않으면 언제 할까? 시간이 가고 환경이 바뀌어도 머무는 삶은 변화를 주지 못한다.

변화의 시작은 주변 환경부터 바뀌게 된다. 당신이 변화되는 시작으로 보면 된다. 기회가 와도 보지 못하면 머무는 삶이 된다. 삶이 어디로 흐르는지 알고 자신이 깨닫고 가는 삶은 고귀하다. 원하는 삶에 씨앗을 뿌리고 행동하면 원하는 일들이 따라온다. 환경을 빠르게 바꾸고 고정 관념에서 벗어나야 한다.

자신을 찾고 자신이 누구인지를 보고 현재 당신이 머문 자리를 알아 차려보자. 변화의 가장 쉬운 방법은 자신을 바라보는 것이다. 자신이 현재 위치에서 자신이 가장 좋아하고 원하는 것으로 가보면 된다. 자신이 어떨 때 마음의 안정을 취하고 있나? 자신이 가장 잘 알 것이다. 자신을 잘 알면서도 외면하는 것도 자신이다. 우리는 진정성 있게 자신을 볼 때 외부 세상이 아름다워질 수 있다. 투사한 외부 세상은 당신이 원하는 곳으로 이끌어 주기도 한다. 멈추지 말고 변화를 받아들여 보자.

몰입은 문제를 해결해준다

"살아가는 기술이란 하나의 공격목표를 골라서 거기에 집중하는 데 있다."

시작의 두려움은 누구에게나 있다. 다른 환경으로 변화는 받아들일 시간이 필요하다. 받아들이면 편한데 우리는 받아들이지 못한다. 내면의 자아는 있던 상태를 고수한다. 박차고 알을 깨고 나오기까지 힘들다고 한다. 왜일까? 변화의 두려움이 큰 것이다. 첫발을 내놓는 두려움은 아기가 첫걸음마를 시작할 때와 같다.

우리는 일을 할 때 결과를 먼저 바라보고 하려 한다. 단정을 짓는 것은 매우 어리석다. 수많은 일들이 파생되기 때문이다. 첫 해외에서 일하는 꿈을 안고 갔으나 코로나라는 큰 이변이 일어날 줄 누가 알겠는가? 신에게 묻고 싶었다. 되돌려 테이프를 감아 원상태로 돌아가면 다른 일들이 일어났을까? 두 가지의 경우는 언제든 일어난다. 코로나로 함께했던 회사가 문을 닫고 되돌아 갈 위기에 다른 화사에서 내게 손을 내밀었다. 시련은 또 다른 기회를 주었다. 다시 잡은 회사와의 일들이 인생에 찬란하게 펼쳐졌다. 일에 몰입하는 시작이었다.

폴란드에서 다시 일할 기회가 생겼다. 많은 일들이 일어났다. 책임을 지고 우크라이나 여성들과 한 팀이 되어 목표 달성을 해야 했다. 말도 통하지 않는 조건에서 도망가고 싶은 마음도 동시에 들었다. 언어의 장벽 앞에 앞이 캄캄했으나 폴란드 직원이 우크라이나어를 할 수 있어서 소통에 도움을 주었다. 그 당시 나는 완벽주의기에 가깝게 일을 하길 원했다. 성과를 내기 위해 목숨을 걸고 했다. 식단을 짜주면 그들은 대량의 도시락을 만들어 냈다. 한 치의 오차도 없이 세심하게 관찰하여 교정해 나갔다. 그 당시 그들은 나의 일에 몰두하는 섬세함에 치를 떨었는지 모른다.

최선을 다한 일들은 후회가 없다. 일을 열중하며 할 때는 작은 희열도 맛보았다. 오직 한 가지에 집중했다. 우리는 멀티로 잘할 수 없다. 사람들은 시간을 줄인다는 심정으로 멀티로 하려 한다. 대화 중에 책을 읽는다면 귀에 들어오지 않는다. 온전하게 한 가지에 힘을 쏟는 게 낫다. 여러 가지 일을 한꺼번에 처리하려고 시간과 이익을 계산한다. 종일 머릿속 생각은 비교와 비판으로 일삼는다. 머리를 쓸수록 더 나아질 것 같은데 정반대이다. 두 가지를 다 망칠 때가 있다.

집중하지 못하고 산만하다면 자신의 마음을 들여다봐야 한다. 내면을 들여다보기 전에는 다소 산만했다. 일을 하면서도 다른 생각에 잠겨 실수를 많이 했다. 자신이 가지고 있는 잠재력을 다 끌어내지 못한다. 폴란드에 있으면서 미술 아카데미를 다니면서 몰입하는 자신을 보았다. 몰입되는 순간 순간 희열을 맛보았다. 자신이 좋아하는 일에는 몰입하는 성향이 있다. 그림을 종일 몰입하여 그리는 작업을 한다. 시간이 가는 줄 모른다.

집중하기 위해서는 적당한 목적이 있어야 한다. 자신이 좋아하는 일에서 몰입을 찾아볼 수 있다. 당신이 하는 일에 잘하고 싶다면 한 가지에 집중할 필요가 있다. 몰입하면 재밌어진다. 지금은 집중하기 힘든 시기다. 대화하면 핸드폰을 보느라 상대의 말에 집중을 못한다. 핸드폰을 하는 타인의 대화를 들을 수 없다. 타인에게 실례가 되기도 하지만 자신에게 큰 손해가 된 행동이다. 산만함은 크게 걱정할 필요는 없다. 대부분 사람의 현상이다. 노력으로 몰입할 필요는 있다.

어떤 일에 최선을 다하는 것이 몰입이고 집중이다. 나이를 먹을수록 집중이 힘들다고 한다. 타인의 대화를 들으면서 다른 생각을 하고 다른 행동을 하게 된다. 어떻게 하면 몰입과 집중을 할 수 있을까? 목적을 가지고 절실한 갈망이 있어야 한다. 잠재의식으로 들어가 집중을 해보자. 머릿속으로 의식을 하여 생각을 해보아라. 폴란드에서 일하면서 다양화를 추구하기 위해 내 머릿속에 과제를 계속 풀어 나갔다. 순간 떠오르는 것은 바로 글로 옮겨두었다.

집중하는 데 있어 조급해하지 말고 평온한 마음을 가지는 것이 중요하다. 느슨하게 생각하며 계속 과제를 밀고 나갈 수 있다. 하다가 할 수 없고 막힌다고 했을 때는 잠을 자거나 휴식을 취하는 것도 좋다. 잠이 들면 기억의 인출 능력이 향상된다고 한다. 집에서 물건을 찾다가 없으면 스트레스를 받은 적 없는가? 그럴 때는 잠시 멈추고 다른 일을 하다 보면 생각이 난다. 어려운 문제는 선잠 자고 해결했다고 한다. 잠잘 때는 저장을 못한다. 저장이 되지 않다가 나중에 우연히 떠오른다고 한다.

몰입의 법칙은 습관의 법칙이다. 꾸준하게 그 생각만 하거나 행위를 연속적으로 하는 것은 몰입의 일종이다. 집중에 잡념이 들어오는 것은 당연하다. 몰입을 위해 21일 습관의 법칙을 권하고 싶다. 연습하다 보면 기적 같은 아이디어가 나온다. 최선의 습관을 지니고 몰입하다 보면 해결하게 된다. 몰입도를 가지고 몇 개월을 가면 최선의 결과를 볼 수 있다. 몰입하면 기적의 아이디어가 나온다. 하루가 지나 풀리는 경우였다. 포기하지 않으면 문제는 해결된다.

몰입하여 목적지로 가는 문제를 해결하기 위해 어떤 마음이어야 하는가? 몰입하며 결과에 너무 치중하지 말고 과정에 두길 바란다. 과정에 열정을 다했기 때문에 만족할 수 있다. 소중한 삶에 대한 답은 무엇일까? 죽을 때까지 후회 없이 살까? 누구나 생각을 해보았을 거다. 여생을 집중하는 삶을 살아보자. 집중하여 문제를 해결하고 만족감을 가질 수 있다.

우리는 좋아하는 일을 하게 되면 몰입한다. 자신이 행복한 일을 하면 과정을 즐기며 해서 몰입도가 더 강하다. 몰입을 위해서 하는 일을 단순화시킬 필요가 있다. 단순화되면 몰입을 할 수 있는 환경 조건이 된다. 우리의 뇌는 분산되면 집중하기 힘들다. 한 가지 일에 초집중은 일의 능률뿐 아니라 시간을 버는 행위이다. 한곳에 몰입하는 연습을 해야 한다.

우리가 집중하는 일은 성공을 안겨준다. 여러 가지를 한꺼번에 하는 것은 모두를 놓쳐 버릴 수 있다.

운을 부르는 습관

"행운이란 준비와 기회를 만났을 때 나타난다."

세네카

풍요를 누구나 소망한다. 부가 해결되면 모든 게 해결되었다고 한다. 정상에 다다른 사람들이 자살하는 경우를 우리는 뉴스로 접하게 된다. 왜일까? 모든 게 풍요로우면 무슨 걱정일까, 할 것이다. 외부 세상에서 내부 세상으로 관심을 기울이면서 내면의 변화가 일어났다.

원인 모를 병에 시달리고 풍요를 위해 애를 쓰면서 집착하며 살았다. 집착은 마음과 몸에 질병을 만들었다. 돌고 도는 반복되는 일상을 어느 날 깨닫게 되었다. 부를 외치기 이전에 마음이 먼저였다. 뒤로 가서 내 나이 40으로 다시 돌아가면 풍요 속에 허탈감도 느껴본다. 돈에 대한 침착은 행복하지 않았다. 걱정이 더했고 불안의 연속이었다. 불안으로 쌓은 탑은 정확히 무너져 내렸다.

운은 시련과 실패 속에 왔다. 실망하고 힘들 때, 바닥까지 갔을 때 왔다.

당신에게도 작고 큰 아픔이 있었으리라 본다, 운이 왔을 때 모르고 지나가기도 한다. 누군가는 준비된 것처럼 바로 잡을 수도 있다. 나는 힘들고 모든 것을 내려놓았을 때 운이 와서 잡았다. 마음이 편안하고 온화한 상태일 때 다가온 운은 수월하게 가게 된다.

우리에게 오는 운은 어떨 때 오는 걸까? 지난날들을 살펴보자. 힘들고 불안하고 주변 일들이 꼬일 때 문젯거리가 도미노로 일어났다. 정확히 맞추어 나타난 것처럼 당신 주변이 엉망이었을 때 일어났을 것이다. 조화를 이루어 일어났다. 준비하고 있다면 운을 맞이 할수 있다. 작은 행운이라도 끌어당기고 싶은 당신은 어떤 노력을 하는가? 애쓰고 집착할수록 더 멀어져 가는 희망을 바라보고 있지 않은가? 운이 좋았다고 느낄 때 어땠는가? 매우 기쁘고 감사하고 날아가는 기분 일것이다.

성공했을 때 승진하거나 병원 검사가 좋게 나왔을 때. 우리는 어떤가? 감사하지 않은가? 감사는 어디서 나올까? 자신을 사랑하는 데서 감사는 저절로 나온다. 자신을 사랑하면 마음이 고요해지면서 외부의 사랑이 넘쳐나게 된다. 감사하는 마음은 운을 부른다. 자신의 처지를 한없이 아래로 보면 감사가 나오지 않는다. 근본적으로 무엇이 잘못되었을까? 자신 안을 내다보면 사랑이 있어야 감사도 나온다. 자신을 사랑하는 사람들은 타인에게 인정받으려 하지 않는다. 자신을 사랑하고 감사가 넘쳐나면 행운을 만들어낸다.

시련이 오고 절망의 바닥에서 내면을 보고 바꾸고 나서 변화가 일어났다. 당신의 인생도 행운으로 바뀔 수 있다. 절망할수록 자신을 감사로 채우고 마음을 바꿔보아라. 마음가짐이 매우 중요하다.

운은 통제할 수 없을까? 행운을 만드는 것은 우리 마음이라고 생각한다. 바람과도 같다. 당신은 인생의 들러리가 결코 아니다. 누구나 축복을 받고 태어났다. 행운이 내 앞에 왔는데 모른다면 지나간다. 왔다가는 바람이다. 지나고 나서 그때 몰랐다고 아쉬워한다.

행운이 찾아오게 하는 방법이 있다. 우선 당신의 마음가짐을 바꿔보길 바란다. 첫째 감사하는 마음이다. 감사하는 마음이야말로 운을 좌우하는 결정적 요인이다. 두 번째로는 다짐이다. 목표를 세우고 자신이 운이 좋다고 의지를 보이면 운을 바꿀 수 있다. "나는 운이 좋은 사람입니다."라고 잠재의식에 다짐해본다. 우리에게는 창조할 수 있는 엄청난 힘이 있다고 믿어보자. 마음에 새기고 항상 되뇌어 보자. 다짐이 매우 중요하다. 원하는 인생으로 가는 다짐을 해보자. 당신은 행운을 만들어 나갈 수 있다. 세 번째는 당신에게 오는 부정적인 말을 제거해 보자. 사람들이 운이 좋아지길 바라면서 중간에 포기하는 말을 습관적으로 한다. 다시 원래대로 돌아가려 한다. 인간의 본성이다.

행운이 당신에게 올 환경을 만들고 열정으로 목표를 향해 달려가길 바란다. 반드시 행운은 우리 곁에 우주가 가져다준다. 감사하는 마음으로 타인에게 베푼다면 행운은 자동 따라온다. 자신이 좋아하는 일이 무엇인지 들여다보아라! 당신이 행복한 일들을 해보자. 성장하고 변화하는 자신을 발견하게 될것이다.

행운이 왔을 때 어떻게 알아차릴까? 당신이 직감으로 믿고 행복한 기분이 든다면 감사하게 받아들여 보아라. 일단 시작을 해보고 가보면 길이 보인다고 하지 않는가? 두렵고 불안할 때 더 많은 불안을 만든다. 시작 못하는 당신은 행운이 지나가도 모른다.

우리에게 오는 운은 평온한 감사의 마음일 때 온다. 타인에게 감사하는 마음은 뜻밖의 행운을 준다. 타인에 대해 이타심은 행운을 부르고 감사가 있을 때 성공적인 일이 일어난다. 행운을 만들어 낸다면 믿겠는가? 자신이 타인에게 베풀고 감사할 때 운이 따라준다. 많은 생각으로 끝나면 행운이 올 기회가 없는 것이다. 불안한 마음에 생각만 하고 시작 못 하면 아무 일이 일어나지 않는다.

당신 자신을 믿고 목표를 위해 나아가야 한다. 가다 보면 뜻하지 않은 행운을 맞이한다. 당신의 직관을 믿기 바란다. 자신에게 진실하다는 것을 행동으로 옮긴다. 자신을 사랑하며 감사로 채운 당신에게 행운은 반드시 온다.

운을 부르는 습관을 만들어 보자. 자신이 운이 좋다고 믿고 감사로 하루를 시작해 보아라. 매일 자기 내면에 운이 좋다고 말해보자. 운이 와서 매우 감사하다고 말하라. 심리 상태가 가장 운을 부르는 환경 상태이다. 당신이 축복받은 상태일 때 매우 감사할 것이다. 잠재의식에 새기고 목적을 정하길 바란다. 마음의 방향을 감사로 바꾸고 긍정으로 채워라. 당신이 가진 거에 감사하고 운이 좋다고 매일 되뇌는 습관을 들이기를 바란다.

운이라는 바람은 지나가 버리면 잡을 수 없다. 행운을 기다리기보단 당신의 마음을 바꾸길 바란다. 지금의 당신에게 감사하는 마음이 중요하다. 하루, 저녁을 맞이하며 하루 동안 같이 했던 사람들에게 감사함을 느껴보자. 감사함은 더 큰 행운을 부른다. 어떤 상황에서도 운이 좋다고 마음을 가져야 한다. 좋은 환경은 운을 부르고 우리를 풍요의 바다로 안내한다. 주어진 조건에 감사는 운을 부르는 최고의 감정이다. 당신이 목적을 두고 감사하며 가다 보면 행운은 당신 것이 될 것이다. 운을 부르는 습관은 당신이 부르는 것이다.

지금 위대한 날로 만들어라

"어제는 오늘의 추억이고 내일은 오늘의 꿈이다."

내가 머물렀던 영국의 한적한 마을은 킹스턴에서 버스로 30분 거리에 있다. 산책하며 미소를 띤 얼굴의 영국 사람들이 지나간다. 내 옆을 스쳐 가는 그들을 보며 지금 이 자리에 있는 나를 보았다. 나의 운명은 영국까지 흘러 들어왔다. 불과 8년 전 필리핀을 시작으로 영국 땅을 밟은 것이다. 강가를 따라 걸어가면 호수 위에 멋진 집들이 있다. 동네를 돌며 카누를 타는 사람들을 보며 평온과 행복을 느꼈다.

누구나 인생을 돌며 가슴 저리게 아플 때가 있다. 내리막의 바닥을 볼 때도 있다. 두려움과 불확실성을 안고 좌절도 했을 것이다. 나는 좌절과 고통이 왔을 때 지푸라기라도 잡으려 애를 쓰며 살았다. 지나고 보니 그것은 집착이었다. 인정하고 싶지 않아서 발버둥을 친 결과는 뻔했다. 더 늪으로 빠지고 있었다. 찌든 마음은 병을 만들고 의욕 상실까지 왔다. 처절하게 밟힌 마음은 자신까지도 불신하게 된다. 낮아진 자존감은 찾아온 불청객이었다.

캄캄하고 빛이 보이지 않은 동굴에 갇힌 나를 보고 눈물을 흘렸다. 거울을 보고 대성통곡을 했다. 한순간 귀신으로 변한 얼굴을 보며 자신이 아님을 알게 되었다. 자신을 위로 할 사람은 자신밖에 없다. 가면을 벗고 자신을 위로하며 일으켜 본다.

인생의 전반은 주변인과 만들어 나갔다. 지금은 가장 생애에 위대한 두 번째로 태어난다. 당신이 전에 산 삶을 지우고 다시 태어난다면 어떻게 살고 싶은가? 상상 속에 자신이 매우 행복할 것이다. 구체적으로 한번 그려 보자. 소박하게 꾸어도 괜찮다. 나는 그림을 그리고 글을 쓰며 자유롭게 여행을 다니며 많은 경험을 가지고 싶다. 당신도 제2의 위대한 인생을 만들어 보아라.

자라면서 표현력이 부족하고 두려움이 무척 많았다. 하고 싶은 게 있어도 말로 표현을 하지 못했다. 내 안에 잠든 꿈을 일으켜 세우기전까지 방향성이 없는 삶이었다. 자신을 관찰하면서 내 안에 꿈틀거리는 욕망을 보았다. 무엇을 하고 있을 때 행복했던가도 알게 되었다. 삶이 크게 거창하지 않아도 괜찮다. 당신이 가장 평온하고 에너지를 갖게 되는 일을 하면 된다. 온 우주는 에너지로 되어 있다고 한다. 인생의 막다를 때 삶을 후회하고 아쉬워 말고 지금 당신이 하고 싶은 것을 정하면 된다.

나이를 먹으면 친구도 사라진다고 한다. 혼자 있는 시간의 소중함을 알게 된다. 나는 혼자 있는 시간을 즐긴다. 불안하고 집착이 심할 때는 밖으로 나가 군중 속에 있고 싶어 한다. 많은 사람과 떠들고 보내고 온 날은 마음이 더 허전해지기 시작했다. 나만의 시간이 얼마나 소중한지 알게 되었다. 하고 싶은 것을 천천히 해 나가 보아라.

우리는 언젠가 흙으로 돌아가게 된다. 꽃이 지고 피듯 계절이 바뀐 날이 오고 그날이 언제인지 모른다. 아무도 알지 못한다. 그날이 올 때까지 눈부시게 아름답게 위대한 날을 맞이해 보기로 하면 어떨까? 누구는 다 살았다고 포기를 한다. 아니다. 당신은 이미 위대한 존재다. 당신은 높고 고귀한 영감을 지닌 희망에 찬 존재이다. 우리가 돌아갈 날이 언제인지 아무도 모른다. 그날까지 당신은 고귀하게 살 능력이 있다.

한계를 긋는 것도 우리 자신뿐이다. 자라면서 너무 뚱뚱해서 못해, 너무 작아서 못해, 가난해서 못해, 용기가 없다며 한계를 그었다. 우리가 외부로 나타내는 행동은 잠재의식 속의 마음이 나타난다. 의식적이든 무의식적이든 당신 잘못이 절대 아니다.

순천에 80세인 어머니가 사신다. 막냇동생은 어머니를 치매 예방을 위해 체조 교실에 보내드렸다. 지금 나이에도 시작을 두려워하신다. 자신보다 젊은 사람들이 많아 어렵고 힘들다며 잘할 수 없다고 하신다. 평가받는 게 아닌데 처음부터 완벽하길 바란다. 어머니 이야기를 들어보니 어려서 디자인 공부를 하고 싶으셨는데 두려워 포기하셨단다. 두려운 마음이 내면에 있었던 것이다. 두려운 마음을 어떻게 달래드려야 할까? 나는 고민을 했다. 어느 날 식탁 위에 어머니 일기장이 놓여 있는 게 보였다. 여쭈어보았더니 일기를 쓰신다고 하신다. 나는 칭찬과 함께 대단하시다고 말씀드렸다. 한층 자존심이 올라오셨는지 뿌듯해하셨다.

우리는 작은 거 하나에도 남과 비교해서 한계를 지어 시작 못한다. 내면에 있는 자아의 말에 속아 자신을 힘없는 존재로 내려놓기도 한다. 아무도 당신의 삶에 관심이 없다. 당신은 착각하는 것이다. 쓸데없는 망상에 사로잡혀 사는 것이다. 제2의 인생을 시작하기 전 당신의 마음부터 원래 고귀한 상태로 두어야 한다. 우리는 위대하고 고귀한 인간이다. 한계란 우리에게 없다.

지금, 이 순간이 당신을 위대한 날로 만드는 유일한 때이다. "지금 하지 않으면 언제 하려는가?"라는 유명한 말이 있다. 지금 해야 한다. 당신의 위대한 날을 만들어라. 작고 소박한 것부터 시작해 보길 바란다. 해외에서 8년을 정리하고 단순한 인생을 사기로 결단했다. 마음먹은 그날 나는 집안의 물건들을 정리하기로 했다. 두 가지 이상 중복되는 물건들부터 정리하기 시작했다. 가장 나답고 위대한 삶이 무엇인가 질문을 해보았다. 많은 경험을 쌓고 자신에게 집중된 삶을 살기 위해서는 가진 물건을 정리하는 것이 우선이었다. 물건들로 가득 쌓인 삶은 행복하지 못했다. 가진 것을 관리하느라 시간과 에너지를 소비하는 삶은 원하는 삶이 아니었다. 하루는 나 자신을 심각하게 관찰했다. 가진 물건을 쓸고 닦고 이리저리 옮겨놓고 반복하는 나를 발견했다. 에너지를 소비하는 행동을 무한 반복하고 있었다.

우리는 지구별로 서로의 역할을 위해 왔다. 각자의 역할을 하며 서로 관계를 이어 나간다. 중요한 것은 타인은 나의 들러리이다. 자신이 원하는 위대한 삶을 살 때 행복의 절정에 오를 것이다. 지금 바로 자신을 보고 주인공으로 자신으로 두고 설계를 해보자. 자신을 만드는 것은 자신뿐이다. 이미 위대한 우리는 위대한 삶을 살 수 있고, 살아야 한다. 우리가 매일 돈만 벌다 죽는 일벌레라는 믿음이 거짓임을 알아라. 주변에 당신을 망치는 사람들이 있다면 한쪽으로 구겨 두어야 한다.

노트를 꺼내 지금 위대하게 만들어줄 10가지를 써 내려가 보아라. 당신이 생각한 위대한 삶을 설계하여 평온하게 살다 가면 지구에서 임무를 다한 것이다. 과거의 당신 모습을 버리고 지금 당장 삶을 보고 가야 한다. 과거는 당신을 바꿀 수 없다. 현재 지금 당신의 다짐이 행동으로 간다. 바꾸고 싶은 삶을 나열하여 씨를 뿌려 수확하는 농부가 되어 보아라. 당신의 삶은 위대하다. 제2의 삶을 상상하며 이미 살고 있다고 생각하며 실행하면 된다.

습관이 답이다

"우리는 우리가 반복적으로 하는 것이다. 그렇다면 우수함은 행동이 아니라 습관이다."

아리스토텔레스

어느 추상 예술가에게 당신의 그림이 의미하는 것은 무엇입니까? 질문을 했다고 한다. 대답은 내 생각의 표현이라고 간결하게 말했다고 한다. 간단하고 아이들도 그릴법한 그림이 값진 가치로 매겨지는 것을 보고 세상 사람들은 아이러니하다고 한다. 너무 간단하고 쉬운 그림이라도 누군가를 그렸다는 것이고 행동했다는 것이다. 생각만 하고 행동으로 옮기지 못한 것은 창조물이 되지 못한다. 내면의 상상이 현실을 창조한다. 창조물에 세상 사람들은 제 생각을 말할 뿐이다.

나는 무엇을 하려는 생각이 있으면 바로 시작하는 습관이 있다. 동영상을 유튜브에 올리고 싶은 생각이 있다면 우선 시작부터 해본다. 동영상을 만들어 보고 올려본다. 무엇이든 해보고 거기서 찾는다. 기간을 정하고 계속한다는 것이 매우 중요하다. 올린 동영상이 다른 동영상과 비교하여 형편없으면 부끄러울 것이다. 괜찮다. 시작한 당신이 위대하다. 모양을 입혀

보고 편집 과정으로 들어서 가본다. 거대하게 생각하지 말고 작은 것을 습관들인 게 중요하다. 한 줄 자막을 넣고 사진도 삽입해 본다.

작은 실천은 자존감도 올려주고 뿌듯함을 준다. 누구의 칭찬을 바라지 말고 자신이 자신에게 해주면 좋다. 나에게 무한한 애정을 준다.

유명한 전 세계 동기 부여가들은 한목소리를 낸다. 습관의 중요성을 똑같이 말한다. 당신이 가고자 하고, 하고 싶은 것에 작은 습관을 들여 보자는 것이다. 저는 매일 블로그 글을 올리기로 저와 약속했다. 작은 생각들과 기록을 남기로 결심을 한 것이다. 결심은 바로 행동으로 이어진다.

며칠 전 한 영상을 보았다. 장수가 키워드로 뜬다. 장수촌의 백 세 이상 어르신의 행동이 비춰진다. 규칙적이고 좋은 습관들이 그분들의 장수로 이끌었다. 얼굴엔 고된 모습은 보이지 않고 온화하고 잔잔한 미소가 가득했다. 당신의 일상이 얼마나 습관적으로 행동하는지를 살펴보아라. 나는 80세인 어머니에게 좋은 습관을 해보시게 제안했다. 병원 진단에 치매 예방을 위해 가족이 관심을 가지라고 했다. 두 가지를 습관을 들이고 왔다. 첫째는 일기 쓰기와 책 하루 5쪽 읽기 습관을 하시게 했다. 5일간 하시는 것을 보고 자존감이 올라가신 모습을 보았다. 80세 어머니는 초등학생이 되어 일기를 쓰시고 계신다. 좋은 습관은 시간이 지나면 성취감도 느끼게 해줄 것이다.

할 수 있다고 마음을 먹으면 모든 게 좋은 습관으로 풀리게 된다. 습관은 강력한 힘이 있다. 나는 만나는 모든 사람을 고귀한 존재로 보기로 습관을 들였다. 상대의 얼굴은 나를 비추는 거울이라고 생각해야 한다. 자기 얼굴에 침을 뱉을 수 있을까? 당연히 없다. 밝은 미소로 대하고 부드러운 말로 대하게 된다. 한번은 지인이 커피 가게에 가서 물 한 잔을 부탁해도 안 준다고 한다. 나는 한번도 거절당한 적이 없었다. 부탁하면 친절을 얻어 어떤 상태를 원하냐고 되물었다. 나는 부드러운 미소로 감사를 표한다.

우리는 대화하고 있는 중 상대의 표정을 보고 자신을 알게 된다. 자기 얼굴을 보고 대화하기는 힘들다. 상대가 거울이라고 생각하고 습관적으로 어떤 표정을 짓는 연습을 해야 할까? 자신을 사랑하고 자신에게 사랑을 준다면 미소가 절로 나오질 않을까? 인과 법칙을 볼 수 있을 것이다.

좋은 습관이 인생을 살면서 다라는 말에 나는 격하게 인정한다. 사람은 습관의 동물이고 결과를 낼 수 있는 위대한 힘을 가지고 있다. 시작이 두려운 당신은 작은 습관부터 시작해 보시길 적극 권한다. 작은 습관이 모여 거대한 당신의 꿈을 이루게 한 것이다. 자신을 믿고 하다보면 길이 보이고 더 나은 방법도 생긴다.

좋은 습관 길들이기 방법을 말해 보려한다. 자신이 원하는 행동을 한 줄로 적어보자. 10가지 작은 행동을 적어보자. 기간을 최소 21일로 정한 다음 시작을 해본다. 나는 최소 21일을 한다면 이후는 한 달을 하게 되고 이후는 몸에 배는 습관이 되기 때문이다. 주변에 말하지 말고 묵묵히 행하는 걸 추천한다. 검증되지 않은 남의 비판은 저 멀리하길 바란다. 그들의 생각을 다 믿을 필요 없다. 당신이 무언가를 한다면 주변 방해꾼들이 많은 것은 당연한 일이다. 배의 선장은 당신이다. 신념을 가지고 앞으로 달려가길 바란다. 결과에 이르면 주변에 그때 말하면 된다. 축하 인사만 당신은 받으면 된다.

좋은 습관을 만들고 결과를 상상해보자. 결과에 이른 당신을 보고 기뻐하는 주변 사람들을 보자. 자랑스러워할 것이다. 타인의 업적에 부러워 말고 자신을 저 위로 올려놓자. 한번 해보자는 말이 긍정적이고 용기를 주는 말이다. 남이 당신의 습관을 비판할 자격은 없다. 인생을 바꾸고 싶다면 좋은 습관이 답이다.

습관이 주는 강력한 힘은 당신을 변화되게 한다. 무엇이 되었든 계속한다는 것이 중요하다. 주변의 지껄이는 소리를 뒤로 하고 가야 한다. 당신의 인생은 타인이 바꾸기 힘들다. 당신이 타인을 바꾸려고 대들었다면 어리석은 일이다. 왜 우리는 반복할까? 자신의 욕구를 타인에게 전가하는 버릇은 효과가 없다. 당신이 스스로 느끼고 행동하듯이 타인도 그렇다, 보면된다.

자신에게 해주고 싶은 것을 집중하여 나가보자. 무엇을 해주고 싶은가? 나는 사랑을 주고 싶었다. 무한한 사랑을 나에게 주고 틈만 나면 사랑한다고 말한다. 그러면 자존감도 쑥쑥 올라가고 타인을 대하는 나의 태도가 바뀌고 있음을 알게 된다. 좋은 습관을 행동으로 옮겨 변화되는 자신을 사랑해 주자. 이것이 삶의 전부이다. 실행해 보자. 당신은 행복한 자신을 발견하게 된다.

나대로 살기 위한 청춘수업

　어제와 같은 날이 계속된다면 우리는 기회가 와도 행운을 잡을 수 없습니다. 과거와 이별을 하고 지금, 이 순간을 위대하게 날로 만들어 보세요. 운을 부르는 습관은 자신을 사랑하고 감사하는 마음을 가져야 합니다. 우선 한 가지에 집중하는 습관이 필요합니다. 습관은 매우 중요한 결과를 만듭니다. 선택과 집중을 하면 당신의 꿈은 계속됩니다. 당신의 미래를 드러내봅시다.

나로 돌아가는
관계수업

5장

자기 사랑을 배우다

"사람의 진정한 벗은 자기 자신이니, 자신을 가장 사랑해주어라."
마하스 트랜스데즈

필리핀 마닐라 거리는 공포와 화려함이 같이 공존한다. 10년 전에 일을 하기 위해 마닐라 땅을 밟고 가슴에는 부푼 꿈을 안고 갔다. 공항택시를 타고 가는 창문 너머로 본 풍경은 우리나라 60년대를 보는 듯했다. 무척이나 그들은 아시아인 중 한국인에게 관대했다. 지치고 힘든 시기 필리핀에서의 나는 위로 받을 곳이 없었다. 그 당시 마음의 세계를 모르고 외부 세상에 관심이 많았다. 외부 세상에서 바람이 부는 대로 마음이 흔들릴 때 한없이 자신을 미워했다.

비교하고 비판을 일삼은 내면의 자아는 힘들게 살았다. 지금도 누군가는 자신을 형편없다고 단정하며 괴로움에 살고 힘든 나날을 보내고 있다. 자기 사랑을 얼마나 하고 있나 묻고 싶다. 자신을 들여다볼 시간적 여유가 없다고 한다. 나 역시 그랬다. 앞에 놓인 일들을 처리하는 데 시간을 보냈다. 한 번쯤 자신을 돌아보는 계기가 있을 것이다. 무섭고 두려움이 밀려올 때

뜨거운 눈물이 흐르며 자신을 보게 되었다. 낯선 곳 필리핀은 자신을 볼 기회였다. 반복되는 이유를 찾아 해법을 찾고 싶었다.

필리핀 숙소에서 낮은 천장을 바라보고 있다. 나는 어디서 와서 지금 여기에 있는 것일까? 자신을 처절히 사랑받길 원했을까? 외부 세계의 타인에게 사랑을 받으려 했다. 사랑받기 위해 열심히 했다. 무언가를 도전하며 결과물에 사랑받고 살려 했다. 치열한 삶들 속에 서로 이기려는 게임에 던져져 있었다. 외부의 조건에 사랑받는 조건을 맞추고 산 것이다. 인간은 타인으로부터 인정받으려 애쓰고 산다. 타인의 표정에 시비가 엇갈린다. 자신을 타인에게 투사하고 스스로 힘들어한다.

자신을 사랑하는 방법은 무엇일까? 자신을 바라보며 내면의 힘든 모습을 볼 수 있을 것이다. 못난 자아를 숨기고 싶어 한다. 내면의 부정적인 나를 보는 시간을 가져야 한다. 자신을 바라볼 줄 알아야 한다. 몸 안에는 오랫동안 묶인 감정이 있다. 내면을 있는 그대로 허락해보자. 거울 앞에 당신의 얼굴을 비추어 보아라. 힘들고 두렵고 불안한 자아를 마주해 보길 바란다. 처음에는 감정을 부정하고 도망가고 싶을 것이다. 슬플 때는 슬픈 당신을 진정으로 느껴보아라. 있는 그대로 느껴보자. 나는 필리핀 숙소에서 천장을 바라보며 폭포수 같은 눈물을 흘리며 자신을 고통스럽게 보았다.

자신을 사랑하는 것은 자신의 부정적인 감정을 진실하게 바라보는 것이다. 자신이 타인과 비교하여 현 상태가 모자란다고 생각하고 바라보며 허용하길 바란다. 저항할수록 더 힘들어지고 내면의 전쟁이 끝나지 않는다. 계속 반복되는 힘든 일들이 벌어지게 될 것이다. 자신의 감정을 있는 그대로 보아야 자신을 허용하는 것이다. 몇 년을 걸쳐 억압한 자신의 감정을 풀어야 문제가 풀려나간다. 감정을 느껴주는 것이 가장 중요하다. 나는 긴 시간 동안 내면의 불안한 자아를 들여다보지 못했다. 현실은 억압된 감정들이 된 것이다.

자기 사랑은 타인에게도 영향을 준다. 자기 자신을 사랑하게 되면 타인은 당신의 평온한 모습을 보고 편안함을 느끼게 된다. 조건 없는 자기 사랑은 자존감을 올려주고 감정을 자연스럽게 표현하게 해준다. 어떤 감정이 찾아와도 자신을 연민으로 바라보게 된다. 타인과의 관계도 원활하게 맺게 될 것이다. 타인에 대한 연민도 갖게 되어 타인에게 공감도 하게 된다. 타인을 있는 그대로 바라보게 되어 타인은 당신과 편안하게 바라본다. 자신을 허용하고 사랑하게 되면 타인의 감정도 자연스럽게 허용하게 된다. 나는 자신을 사랑하고 많은 자유로움을 느끼게 되었다. 외부로부터의 마음을 내면으로 들어오면서 타인의 감정을 쉽게 공감하게 된다.

자신을 사랑하게 되면 무엇이 좋을까? 자신의 감정을 모두 있는 그대로 허용하고 느껴주면 어떤 상태에 놓이게 될까. 자신의 두 자아를 받아들이고 사랑한다면 많은 변화가 일어난다. 저항하는 마음을 흘려보내고 완전히 허용하는 당신은 진실한 목소리를 듣게 될 것이다. 자신의 자아와 싸움을 멈추고 부정적인 외부의 비판에 집착하지 않게 된다. 가장 나답게 된다. 스스로 자신을 위로하고 허용하면서 자신을 인정한다. 내면에서 충분한 감정을 느껴준다. 나는 자신을 사랑하고 외부로부터의 불안한 상태에 많이 차분해졌다. 일이 일어나도 불안에 떠는 자신이 차분해짐을 알게 되었다. 자신에게 자기 사랑을 선물하면 자신과의 전쟁이 평화를 맞이하게 된다. 남이 아닌 자신이 되는것이다.

가장 자기 사랑을 하는 방법은 내면의 자기에게 무한 사랑을 주는 것이다. 못나고 모자라고 미운 자신이라도 느끼고 허용해 보자는 것이다. 지금 자신을 사랑하는지 아는 방법은 감정을 보면 안다. 긍정이든 부정이든 그대로 받아들일 수 있어야 한다. 받아들이고 산다면 타인과의 관계에도 도움이 될 수 있다.

자기 사랑은 더 크게 행운을 가져다주기도 한다. 온전하게 받아들인 일들은 더 좋은 현실을 창조한다. 잠재의식에 좋은 환경이 만들어지기때문이다. 잠재의식이 깨끗해져서 주변이 당신을 위해 탄생하듯 변해간다. 당신은 행운 앞에 운이 좋다고 할 것이다. 우리는 불안한 감정일 때 문제가 더

심각해지는 것을 알 수 있다. 자신을 사랑하는 것은 행운으로 가는 지름길
이다.

진실한 목소리를 들어보자. 부정이든 긍정이든 그대로 느껴보자. 표현하
지 못한 감정 에너지를 느끼는 자체가 치유다. 마음공부의 기본이 자기 사
랑이다. 자신을 잘 알지 못하면 타인과의 관계에 많은 집착이 일어나게 된
다. 우리는 집착할수록 괴롭다는 것을 안다. 자신을 보고 어떤 감정이든 흐
르게 한다면 자신을 사랑하는 것이다.

세상에 자신을 사랑해 줄 사람은 자신뿐이다. 타인으로부터 인정 욕구는
힘들고 자신을 버리는 행위다. 자신을 사랑하고 외부의 반응을 살펴보자.
주변은 평온이 흐르고 타인은 당신을 편하게 생각하게 될 것이다. 행복은
저절로 찾아오게 된다. 온전히 무조건 당신을 사랑하자. 내면 전쟁은 평화
를 찾게 된다. 팽팽했던 긴장감은 사라지고 평온하게 된다. 자신을 혐오하
지 않으니 현명한 선택을 하게 된다. 자신을 이해하는 마음이 깊어진다. 나
대로 사는 비결이기도 하다. 긍정 부정 다 받아들이자. 허용하는 삶은 자신
의 자존감도 높이 올려준다.

자신을 사랑하게 되면 남 눈치도 보지 않는다. 진정한 자유가 열린다. 자
신을 격하게 사랑하며 자신이 되어 보자. 가장 나다운 것이 자유와 평온으로

가는 길이다. 자신을 사랑하는 하루는 풍요가 밀려온다. 자기 사랑을 실천해 보고 알게 된 것은 건강도 따라왔다. 얼굴은 힘이 넘치고 밝아졌다.

삶의 여정은 사랑이 전부이다. 상대에게 사랑과 인정을 받기 위해 돈을 벌고 자신을 성장하려 한다. 앞서 자신을 사랑한다면 모든 것은 따라오게 되어 있다. 있는 지금 그대로 사랑해 보자. 부족하면 부족한 대로 자신을 인정하는 것이 큰 사랑이다. 내면의 목소리를 따라가 봐야 한다.

자기 사랑도 연습이다. 있는 그대로 자신을 사랑하기를 매일 실천하시기를 바란다.

$$\text{02}$$

매일 감사하라

"감사하면 두려움이 사라지고 풍요로움이 나타난다."
멜로디 본비

매일 아침 하는 일이 있다. 감사한 10가지를 생각해 본다. 전날 일어난 일에 감사하는 일이다. 떠오르면 얼굴에 미소가 번진다. 처음에는 감사한 일들을 찾기 힘들었다. 10가지를 쓰려면 힘들다고 할 것이다. 계속 써보아라. 쓸 수 있는 가짓수가 많이 생긴다. 작은 것에 감사할 일이 쌓이게 된다.

나는 지금 건강함에 매일 감사한다. 주변에 아픈 사람들이 많다. 건강은 한번 잃으면 거침없이 모든 것을 앗아간다. 고생하고 힘들 때 감사하라면 말이 안 된다고 할 것이다. 감사할 일이 아무것도 없다고 한다. 최근 지인 소개로 경동시장에 갔던 적이 있다. 야채와 과일들이 많이 놓여 있는 상점을 보니 풍요롭다. 상추를 한 아름 두고 천 원을 달라는 할머니께 사면서 "감사합니다."라고 했다. 돈을 주고 사는데 왜 감사해야 하나 마음이 생긴다. 일찍 일어나셔서 물건이 내게로 오기까지 싱싱하게 보존되어 감사한 것이다. 시금치 한 다발 사면서도 감사했다. 집에 와서 샐러드를 해서 먹어 감사했고 남은 것은 다음날 전을 부쳐 먹어 감사했다. 농부의 피땀이 시금치에 있다고 생각하니 감사하다. 찾아보면 감사할 일이 많다.

감사하는 마음이 관계에도 좋은 결과를 준다. 상대의 부정성만 바라보려하지 않고 긍정으로 바라보면 감사할 일이 많다. 누구나 우리는 상대를 위해 태어난 것이 아니기 때문이다. 각자의 삶을 살기 위해 지구별에 왔다. 누군가 내게 호의를 베푸는 것은 감사할 일이다.

감사는 느낌이다. 상대가 베푼 것에도 감사하지만 자신에게 주어진 것에 감사는 더 큰 선물이다. 남과 비교하면 우리는 한없이 작아진다. 자신이 지금 이 순간에 행복함을 아는 것도 감사이다. 지금이 지나면 감사는 없다. 자신에게 만족하는 삶은 대단한 것이다. 그만큼 힘들다는 것이다. 하루가 우울한가? 감사하는 마음으로 시작해 보자. 지금 건강한 것에 감사해 보자. 나는 매일 감사하려고 노력한다. 건강이 허락되지 않는다면 아무것도 할 수 없다. 침대에 누워만 지낸다면 건강한 지금이 감사한 일이다.

어느 날 연로하신 두 어르신의 삶을 담은 다큐를 보았다. 할머니의 환한 미소에 마음이 따뜻해진다. 다큐를 보는 내내 할머니는 감사라는 말을 놀랄 정도로 많이 하셨다. 감사가 정신적으로 안정되고 삶의 질을 높여 주는 것을 알게 되었다. 장수하는 비결이기도 하다. 할머니와 할아버지의 대화는 서로가 감사하는 마음이 가득했다. 할아버지는 미소를 짓는 할머니가 곁에 있어 줘서 감사하다고 했다. 할머니 역시 사랑해 주는 할아버지가 있어 감사하다고 했다. 서로 감사하는 풍요로움을 주는 생활이다.

행복해서 감사가 아니고 감사해서 행복하다고 한다. 우리가 당연하게 느꼈던 일들에 어려움이 닥쳤다면 얼마나 감사한 일인가? 감사하는 마음을 우리는 순간 잊고 살았다. 감사가 순식간에 불평으로 바뀌기도 한다. 시련이 왔을 때 우리는 고통으로 불평하고 힘들어한다. 지나고 나서 그때의 시련이 감사로 바뀐 일도 있다. 시련이 없었으면 지금의 자신이 없다고 말하기도 한다. 몸이 아프고 나니 지금 건강에 감사했다. 건강도 좋지 않을 때 신경을 쓰고 관리를 했기 때문에 지금이 있다. 지금, 이 순간 감사해야 한다. 지금, 이 순간 불행했던 힘들 때를 가정해보자. 생각하면 지금이 감사하다. 숨을 쉬어 감사하고 지금 걸을 수 있어 감사하다. 누군가가 선물을 주었을 때 감사하다. 실패 속에서 힘들 때 최소한의 가능성을 찾을 때 감사하게 된다.

나는 심플라이프로 살기로 한 뒤로 가진 물건에 감사하며 살게 되었다. 물건을 쓰다 불편해 대체품을 사려다가도 무인도에 있다고 생각해 본다. 지금 가진 물건들이 소중하여 감사하게 된다. 가진 물건들이 많지 않으니 소중하게 다루게 된다. 사람 관계도 같다. 정리하고 남은 사람에게 감사하며 살아야한다. 무인도에 홀로 남았다고 생각하니 내게 연락해 준 사람이 감사하다.

어떤 상황은 타인이 자신에게 근거 없이 비난하는 예도 있다. 외부의 부정 에너지를 자신이 어떻게 받느냐에 달려 있을 수 있다. 비난에도 당신이 감사하게 생각한다면 좋은 기회로 삼을 수 있게 된다. 자신이 모르는 비난에 단점이 있다면 자신이 결정하여 좋게 만들면 된다. 자신의 발전으로 삼으면 된다. 얼마나 좋은 기회인가? 자신이 결정하면 달라진다.

성공하는 사람들이 자주 하는 말이 감사라고 한다. 1초도 걸리지 않은 감사는 기적이고 성공임에 틀림없다. 자기 자신에게 감사를 보아라. '감사하다'의 어원은 '생각한다'이다. 간단한 어휘 하나에 인생의 비밀이 숨어 있다. '당신을 생각한다.'이다. 감사를 많이 할수록 타인은 당신과 함께하고 싶을 것이다.

당신의 마음속에 감사라는 마음을 고정해야 한다. 감사할 거리를 매일 써보자. 특별하지 않은 것에도 감사하게 된다. 감사도 훈련해야 한다. 습관으로 만들 필요가 있다. 감사 일기나 편지를 쓰기를 해보자. 의도적으로 감사하는 마음은 의식이 확장된다. 타인을 보다 이해하는 마음을 갖게 되는 계기가 될 것이다.

당신의 삶이 달라진다. 감사 일기를 매일 10가지를 기록하여 보자. 거창하지 않아도 좋다. 당신의 삶을 절망에서 일으켜 줄 것이다. 매일 감사 일기를 쓴다면 하루가 감사할일이 많아진다. 사소한 일들조차 감사할 일이 생긴다. 나는 매일 건강한 몸에 감사하다. 몸은 더 건강하게 될거라 믿는다.

감사하는 마음은 무의식을 변화시킨다. 삶의 태도가 바뀌고 긍정 에너지가 기적을 일으킨다. 사소한 일에도 감사하는 습관을 들여 보자. 감사해서 행복한 일들이 일어날 것이다. 사소한 감사한 것을 찾아보자. 소중한 감사거리를 쓰는 자체가 행복이다. 사소한 일상을 타인에 대한 감사부터 자신에게 감사를 써보자. 지금, 이 순간을 감사한다면 무의식에 긍정 에너지로 퍼져 기적이 일어난다.

감사한 일 10가지를 쓰게 된 뒤로 감사할 일들이 많아졌다. 타인을 바라보는 시선이 감사로 바라보게 되어 하루가 평온해진다.

매일 감사는 내면의 풍요를 안겨준다.

내가 쓰는 언어가 나의 전부이다

"나의 언어의 한계는 나의 세계 한계를 의미한다."
버트겐인슈타인

하루 당신이 쓰는 언어를 살펴본 일이 있는가? 언어란 그 사람의 표현이고 사람과 이어주는 수단이 된다. 살면서 아무 생각 없이 말해버리고 후회한다. 고통이 시작된다. 자주 쓰고 반복하는 말을 살펴봐야한다. 언어도 나쁜 언어 좋은 언어가 존재한다. 우리는 상대에게서 좋은 언어를 듣고 싶어한다. 언어에도 에너지가 있다고 한다. 글로 표현하면 글자에 불과 한데 에너지가 있다. 잠시 주고받는 말속에 분명 에너지가 있다.

에너지가 있어 상대에게 영향을 주는 걸 안다면 보다 좋은 언어를 쓰면 되지 않을까? 우리는 마음이라는 상자를 가슴속에 담고 산다. 오랜 시간속에 자의든 타의든 생각들이 모여 담아둔다. 나에게도 마음 상자에 담아둔 경험들이 있다. 하루는 어머니 집에 갔는데 집안을 들어서는 순간 버리지 못해 쌓여 있는 물건들을 보고 가슴이 꽉 막힌다. 스멀스멀 올라오는 나쁜 에너지가 감돈다. 장롱을 열며 "엄마 이 옷, 다 지금 입는 옷이에요? 버리시죠. 제가 정리할게요. 지금 누가 이러고 살아 휴 미치겠다." 얼굴을 찡그리며 다 퍼부을 기세다. 일방적으로 나쁜 기운의 언어가 흘러나온다. 엄마는 "내 옷이다. 아버지가 사준 30년 전 옷이야 못 버려. 다 입을 때가 있다." 하시며 장롱 문을 닫아 버리신다. 침묵이 흐르면서 아무 말이 없다. 부엌을 보니 구질구질한 낡은 살림살이들 버리지 못하시는 조리도구들을 쳐다보며 한소리 더하고 싶었다. 언어는 에너지를 타고 공간에 흐른다. 엄마를 보자마자 나는 나쁜 언어를 마구 써버렸다. 나의 잣대를 엄마에게 들이댄 것이다. 당신의 추억이 있는 물건들을 옆에 두고 싶으신 것이다. 화를 내면서 장롱과 냉장고를 열고 씩씩거리며 쏟아 낸 언어는 엄마의 에너지와 충돌했다.

어머니는 아무 말 없이 내게 밥을 차려 주신다. 갈치 두 토막에 된장찌개를 끓여 김치와 고사리나물을 식탁 위에 올려놓으신다. "밥이나 먹어라." 가라앉은 목소리로 말씀하신다. 잠시 갈치 한 토막에 젓가락이 가며 눈물한 방울이 블라우스 위로 떨어진다. 좀 더 감미로운 언어를 쓰지 못하고 투박하게 쓴 말이 먹는 내내 먹먹했다.

상대가 나쁜 언어를 쓰면 그 자리를 피하라고 한다. 그 상대가 나라면 내 주변은 사람들이 다 도망갈 것이다. 여러 사람 속에서도 말을 안에도 에너지는 느낀다. 복잡한 전철 속에서 문 앞에 서 있는데 사람들이 밀려온다.

나이가 드신 어른 두 분도 같이 밀려서 들어오신다. 잠시 머리가 긴 젊은 아가씨가 "할머니 왜 이렇게 밀어요?" 하며 불만이 가득한 목소리로 어깨로 치며 말한다. 다소 점잖아 보이시는 두 할머니 중 조금은 불편하신 분이 전철이 멈추자 내리자고 하시는 것 같다. 무안하셨던 것 같다. 나는 그 광경을 지켜보면서 그 아가씨 얼굴을 쳐다보았다. 그녀의 말이 주변 에너지를 불쾌하게 했다.

말의 에너지는 많은 영향을 주기도 한다. 황사가 오면 마스크를 끼고 피하려 한다. 이미 던진 조합된 언어들은 다시 주워 담을 수 없다. 몸이 움츠러들고 답답해져 온다. 좋은 음식을 먹고도 입에서 나오는 말이 쓰레기 같다면 타인에게 오물을 뿌리는 행위이다.

우리는 외모 언어 행동으로 타인에게 감지된다. 그 중 특히 언어의 위력은 대단하다. 뉴스를 보면 사건의 시초가 말의 폭력이 시초가 되는 경우가 많다. 국회에서 서로 충돌하는 것도 말이 큰 원인을 제공한다.

언어는 그 사람의 명함이 되기도 한다. 말하기 전 좋은 옷에 말끔하게 차려입은 모습도 쓰는 언어가 이미지를 바꾸어 놓기도 한다. 언어를 좋은 말로 포장하라는 말이 아니다. 사람 관계에서 평범하게 쓰는 언어가 상대의 마음을 열기도 하고 닫기도 한다. 내가 가장 많이 쓰는 언어가 그 사람의 전부이다. 해외에 있으면서 주변에 가장 많이 들리는 말이 "감사합니다."이다. 남녀노소 가릴 것 없이 가장 많이 쓰고 얼굴에 미소를 담아 말했다. 쓰는 언어는 진정성이 우러나와야 한다.

짜증스럽게 언어를 구사하는 것도 습관이다. 전화를 걸 때 우리는 상대의 표정을 못 읽는다고 생각한다. 그러나 아니다. 상대는 전화기에서 흘러오는 말을 좋고 나쁘고를 안다. 남의 흠을 자주 말하는 것도 습관이다. 지인과 대화 속에 언어를 관찰하여라. 어떤 언어를 쓰는지를 보면 그 사람이 보인다. 쓰는 언어도 중독이자 주변 영향을 많이 받는다.

나쁜 에너지가 묻어 있는 말을 주변에서 듣는다면 가족이라도 피해야 한다. 내 안에 오물 같은 언어로 가득 차 있다면 제거해야 한다. 어느 날 문득 튀어나오는 말들이 상대와의 관계에 불편을 준다.

어떻게 하면 우리는 좋은 언어를 쓰고 살까? 내가 좋은 언어를 쓰기 위해서는 나를 사랑하고 아끼는 마음을 가져야 한다. 내면의 창고에 좋은 것을 담아야 좋은 말이 딸려 나온다. 몸에 독소를 제거하는 것도 중요하지만 내가 쓰는 언어에 독을 제거해 보자. 상대한테서 들은 독이 든 언어는 당신 책임이 아니다. 말한 그 사람에게 다시 간다. 독이 든 언어로 말을 한 사람은 괴롭다. 독이 든 언어를 썼다고 알리기만 해라. 좋은 말은 내면의 고요함과 사랑에서 나온다. 자신 안에 사랑이 가득한데 나쁜 언어를 쓸 수가 없다.

타인이 쓴 독이 든 언어에 의문을 가져야 한다. 오랜 시간 동안 축적한 마음에서 갑자기 쏘아 부을 때도 있기 때문이다. 독을 뒤집어서 쓸 필요는 없다. 우리부터 아름다운 말들을 많이 하도록 습관을 들여야 한다. 말하는 것도 습관에서 나온다.

당신이 하루 쓴 언어가 삶의 전부이다. 감사를 많이 했다면 감사할 일이 많이 오고 사랑한다는 말을 많이 한다면 사랑이 온다. 원래 우리는 태어날 때 순수의식으로 태어났다. 세상을 살면서 나쁜 언어로 말하여 상대를 힘들게 했다.

하루 내가 쓰는 언어를 살펴보자고 했다. 언어는 훌륭한 도구이다. 사람을 죽이기도 하고 살리기도 한다. 아름다운 노래를 들으면 어떤가? 가사를 음미하며 들려오는 주옥같은 언어들은 사람을 행복하게 한다. 사람들에게 말할 기회가 되면 아름다운 가사 한 구절을 말해보라. 상대는 당신에게 모든 것을 내어 주고 싶을 것이다. 간단한 것을 부탁할 때도 최고의 감정으로 언어를 나열해 보아라. 상대는 만들어서라도 당신의 부탁을 들어 주고 싶을 것이다. 나는 많은 경험 속에서 언어의 위력을 안다. 품격 있는 언어를 구사하는 사람들을 보면 존경하고 싶어진다. 언어는 당신을 알리는 명함이다.

언어를 선택하는데, 있어 신중히 처리하고 고요하게 말해보자. 반짝이는 보석이 되어 상대에게 전해지면 상대는 감사하는 마음을 담아 화답할 것이다. 고품격 언어를 쓰도록 습관을 들여 보자. 품격 있는 언어를 쓰는 것은 돈이 드는 게 아니다. 당신을 가장 빛나게 해줄 훌륭한 도구이다. 명품백을 가지고 있다고 명품 언어를 쓰는 것이 아니다. 명품이 없어도 당신이 쓰는 언어가 명품이 된다.

내가 말하는 언어는 상대의 가슴에 남는다.

관계 스트레스를 줄이는 법

"당신의 삶의 질은 관계의 질입니다."
토니 로빈스

한국에 귀국하여 그림을 두 점 그렸다. 전문 작가는 아니다. 교육을 전문적으로 받은 일도 없다. 그림을 보고도 타인은 언어를 통해 감정을 드러낸다. 그들의 생각을 존중하고 싶다. 언어는 상대의 마음을 살피는 도구가 된다. 감정에 따라 언어 온도가 다르다. 같은 말이라도 타인의 감정에 따라 상대는 기분이 바뀌기도 한다. 우리는 상대의 표정을 보고 자신을 알아 간다. 상대의 표정은 자신의 얼굴이 비춰진 그림자이다

자라면서 어머니의 표정으로 시비가 엇갈리는 마음을 보았다. 술을 좋아하시는 아버지가 많이 드시고 계단을 비틀거리고 오시면 어머니의 표정이 말해주었다. 심기가 불편하여 아버지를 본 순간 표독스러울 정도로 변하신다. 언어를 사용하지 않아도 표정에서 읽을 수 있었다. 요즘같이 비대면 사회현상은 표정을 더욱 볼 수 없다. 같은 언어로 말하고 문자를 써도 우리가 전달하고자 하는 것과 멀어지는 경우가 많다. 자신들의 생각에 갇혀 산다.

사람과의 관계가 문제가 생기면 만나서 이야기하자고 한다. 점점 갈수록 대면해서 문제를 푸는 시간이 줄어든다.

작은 일에도 그 사람의 표정을 볼 수 없어서 오해를 낳는 경우가 많다. 상대는 많은 것을 전달하고 이해받기를 원하나 받는 쪽에서 표정을 볼 수 없어 판단을 쉽게 내리지를 못한다. 밤을 새우면서 유추하고 혼자만의 이야기를 늘어놓기도 한다. 개인주의가 더 심해진 것이다. 자신의 마음 상태도 알지를 못하면서 타인의 마음조차 알아야 하는 고달픈 인생이 벌어진다. 나는 마음공부를 하기 전 타인의 감정을 살피느라 많은 시간과 에너지를 소비했다. 자신만의 생각에 갇힌 문제는 결국 병을 부른다는 걸 알게 되었다.

사람은 자연스럽게 누군가에게 인정받고 사랑받기를 원한다. 표현으로 타인에게 자신을 언어라는 도구를 사용하여 표현하려 애를 쓰고 산다. 상대가 호응을 해주지 않는다면 금방 삐지거나 미워하기도 한다. 서운한 감정에 갇혀 내면이 복잡해지기 시작한다. 타인이 자신을 싫어한다는 잘못된 생각을 하기도 한다. 갇힌 감정들은 비교와 비판을 통해 부정성 에너지에 매몰되어 버린다.

타인과의 대화하면서 인정을 받기 위해서 상대에게 말을 길게 늘어놓을 때가 있다. 타인은 당신의 말이 끝나길 기다릴 것이다. 자신의 이야기를 하고 싶을 것이다. 세상에는 두 종류의 사람이 있다고 한다. 하나는 말을 하는 사람 또 한 사람은 말을 들으며 자기가 할 말을 생각하는 사람이다. 말이 많아지면 자신이 감추고 싶은 비밀을 말해버리기까지 한다. 후회가 막심하다. 하지 말아야 할 다른 사람의 험담도 한 것 같고 자신의 치부를 드러낸 것 같기도 하다. 어땠나요? 당신은 돌아가는 마음이 무겁고 집에 들어가 잠들기 전까지 고민을 할것이다.

살아가면서 일어나는 일에 조금 더 원활한 관계가 된다면 우리의 삶이 풍요로워질 것이다. 관계가 고통스럽다고 호소하는 사람들이 많다. 죽음에 이르러 모든 것을 내려놓고 가려 한다. 너무 고통스럽고 괴로웠기 때문이다. 상대의 표정이 나라고 생각해 보자. 내면의 자신은 타인에게 투영된 것으로 생각한다면 문제가 풀려나간다. 괴로운 일들이 많고 힘들 때일수록 외부는 동시에 일어난다. 대화할 때 자신이 말하고 상대가 들어주길 바라는 거는 타인도 그러고 싶은 것이다. 우리가 이 원리만 안다면 서로 간의 문제는 없을 것이다. 상대의 말을 듣고 있을 때 그리고를 반복하여 말해보자. 상대가 "나는 이탈리아에 다녀왔어." 했는데 "나는 파리 에펠탑이 멋지더라."라고 하다면 상대는 자신이 하고픈 말을 이어하는데 매끄럽지 못하게 된다.

상대가 말하고 있을 때는 "그리고"를 말해주며 자신이 말할 때는 30초 이내에 말하기를 끝낸다. 이 방법은 대단한 효과가 있다. 나는 말을 길게 설명하는 버릇이 있었다. 상대의 표정이 일그러지는 것 조금씩 알고 나서 많은 시간을 내 이야기로 했음을 알게 되었다. 지루하게 당신이 이야기를 늘어놓는다면 당신 곁에 사람들은 도망가 버릴것 이다.

후회와 실수를 하지 않는 미소가 번지는 관계는 연습이 필요하다. 우선 자신이 어떤 언어를 쓰고 얼마만큼 자신의 이야기를 하는지 관찰하자. 상대의 말에 경청이 필요하다. 추임새를 넣어가며 대화가 이어지게 듣고 표정은 듣고 있음을 보여주어야 한다. 핸드폰이 1인 1개씩 소지하고 있는 시대에 잠깐의 집중이 힘들 수 있다. 동물은 언어를 사용하지 못하니 시각적 이미지로 상대를 느낀다. 인간은 점점 언어라는 도구는 도태되어 간다면 동물과 크게 다르지 않다.

관계의 언어 사용은 매우 중요하다. 문자로 표현도 하지만 말하는 도구로 언어를 잘 사용한다면 우리는 관계에 있어 문제가 될 게 없다. 내면의 자신을 긍정으로 가득 채워 나가면 외부를 보는 마음이 아름답게 보게 된다. 자신의 감정을 글로 표현하는데 해결이 되기도 한다. 대화에 앞서 글로 표현해 보자. 글로 쓰는 순간 우리는 자신의 마음을 들여다보는 제삼자가 될 수 있다. 보다 객관화를 할 수 있다. 문제는 더 이상 문제가 될 수 없다.

타인과 만나기로 했다면 당신은 그리고 와 30초 말하기 요법을 실행해 보시길 바란다. 한층 여유로운 자신을 발견하게 될것이다. 타인이 말하는 동안 당신은 말할 것을 생각하지 않아도 된다. 상대도 만족하고 자신도 평온하니 만남은 행복할 수가 있다. 나는 타인과 만나 대화할 때 핸드폰을 잘 보지 않는다. 볼일이 있으면 양해를 구하고 잠깐 본다. 시야를 휴대전화로 옮겨 가면 상대의 표정을 읽을 수가 없고 같이한 의미가 없다. 가장 나답게 표현하되 상대에게 지루하지 않고 나를 표현해보자.

타인과의 관계에서 어느 쪽도 치우치지 않다면 문제가 될 수 없다. 내면의 인정 욕구를 인정한다면 당신은 반은 해결된 것이다. 걱정할 필요 없다. 당신이 원하는 것을 알게 되면 타인의 욕구도 알 수 있다. 너무 자신의 이야기로 채우기를 삼가고 30초 요법으로 타인이 말할 기회를 주어보자. 경청이 가장 좋은 대화라고 한다.

상대가 말하고 내가 30초간 말한다. 가장 이상적인 대화로 당신은 불편한 관계에서 벗어날 수 있다. 상대에게 좋은 질문을 많이 해라.

당신은 고품격 자아이다

"자기 자신을 사랑하는 것은 평생 지속되는 로맨스의 시작이다."

세상에 태어난 모든 사람은 사랑받을 자격이 있다. 나는 자신을 죽도록 미워하고 한없이 밑으로 끌어내렸던 적이 있었다. 자신감이 없고 못난 나를 매일 바라보며 힘겨워했다. 남 탓도 했고 자신의 정체를 알 수 없던 날들이 내게로 왔다. 당신은 자신을 어떻게 바라보는가? 매일 다르다고 생각하는 자아가 내면에서 힘들게 했다. 자신이 만든 덫에 갇혀 미워하며 무시한 자아는 당신을 외면하고 싶어 한다.

우리는 외부 세상에 빠져 타인의 삶을 보고 따라가려 한다. 어디로 가는지도 모르고 간다. 꼬리잡기를 한다. 웃기지 않은가. 타인의 감정에 자신의 감정을 소비하고 믿어 버린다. 잃어버린 당신의 고품격 자아는 어디로 갔는가? 자기 내면을 무시한다면 우리는 감정을 도둑맞고 살게 된다.

당신의 자아가 헤매는 동안 당신은 타인의 눈치를 보느라 에너지를 쓰고 있다. 주변에는 끊임없이 당신을 좌지우지하려는 사람들로 둘러서 쌓여 있다. 거절을 하고 싶어도 두려움에 더는 자아를 보고 싶지 않기 때문이다. 내면의 자아는 미움받기 두려워 떨고 있다. 우리는 사랑 받으려는 자아가 씌어서 가식이라는 탈을 쓰기도 한다. 사랑을 받지 못하면 죽을 것 같이 힘들기도 하다. 당신 안에 도사리고 있는 사랑 받고자 하는 자아를 알아야 한다.

사랑받기 위해 타인에게 끌려가는 삶을 살게 된다. 노력을 애써 한다면 자아는 지치고 말아버린다. 상대도 원하지 않는다. 집착이라는 스티커를 붙여 두면 서로가 자유롭지 않다고 한다. 집착을 당하는 사람도 자유롭지 못해 괴롭다. 집착하면 할수록 우리는 한계에 부딪히게 된다. 사람은 물건이 아니라 소유할 수도 소유가 될 수가 없다. 내면으로 들어가 참된 자아를 발견해야 한다. 우리는 과거의 잠재된 거짓 자아에 속아 아픔을 가지고 괴로워한다. 거짓 자아를 알아차리는 길만이 깊은 고통에서 빠져나올 수 있다고 현인들은 한목소리로 말한다.

나는 긴 시간 내면의 자아를 몰라보고 주변과의 관계에서 불안하고 힘들었다. 거짓 자아를 모르고 괴로웠던 날이 있었기에 참 자아를 찾게 되었다. 방황은 목적 있는 희망이기도 하다. 자신을 무시하고 바닥으로 끌어당겨 두고 비판을 일삼았다. 나락으로 떨어진 자존감은 아무것도 할 수 없는 자신을 만들어 놓아 버린다.

내면의 참자아를 보기 위해 어떻게 할까? 많은 생각을 알아차려야 한다. 생각을 다 믿는다면 혼란스러운 당신은 애를 쓰고 살 수밖에 없다. 나는 문제가 생길 때마다 애를 썼던 것이 더 힘들게 만들었다는 것을 알았다. 지난 시간이 필름을 돌려 보니 참으로 힘든 여정으로 안쓰러운 마음마저 든다. 다시 시계를 돌린다면 진정한 참 자아 존재를 알고 있어서 고민하지 않는다. 참 자아의 존재를 알고 있음은 축복이다. 참 자아에 머물러 보자. 평온함과 함께 문제 될 게 없다. 자신이 누구인지를 깨달았을 때 거짓 자아는 사라지게 된다. 누구나 행복을 위해 참자아를 찾고 있다. 내 안에는 두 자아가 있다. 자신 안에 깃든 신을 보아야 한다. 나는 마음공부 하며 레스트 레븐스의 책을 통해 알게 되었다. 참 자아로 세상을 보면 세상은 어려울 게 없다고 한다. 알아차림을 통해 제거하면 당신의 마음은 더욱 평온할 것이다. 당신 안에 악마인 거짓 자아를 몰아내길 바란다. 당신이라고 착각하고 괴로운 거짓 자아를 알아차리길 기회이다.

세상을 어떻게 볼 것인가는 자신의 관념에 달려 있다. 당신이 매일 행복하다고 느끼면 세상은 행복이다. 당신이 더욱 평온함을 찾고 싶다면 참자아를 알아차리는 것이다. 10년 전 두 자와의 존재를 알기 전 나의 삶은 마음의 지옥을 만들고 있었다. 인생에 자유롭고 행복을 찾고 싶다면 당신의 참자아를 찾아야 한다. 고품격 자아가 당신 안에 존재함을 믿어야 한다.

참자아를 깨닫게 되면 내면에 어떤 일들이 일어날까? 타인을 바라보는 관념이 바뀌게 된다. 나와 너가 구분되지 않은 우리라고 한다. 너와 내가 구분이 안 되어 당신 앞의 타인을 고귀하게 바라보게 된다. 나는 내면을 고요하게 하고 타인을 나로 바라보는 실험을 해보았다. 상대의 고귀한 얼굴이 나라고 보면 이 내면이 비친 것이다. 어떻게 대하게 될까? 내면을 비친 타인을 자신으로 바라볼 때 미소로 투영해 보아라. 실험하면 타인에게 매우 좋은 인상을 보낸다.

자신의 참자아에 좀 더 가까이 다가가 보기로 하자. 자신을 투영한 외부는 자신의 마음이다. 애쓸 필요가 없다. 당신이 외부를 바꾸고 싶을 때 자신의 참자아를 보아라. 고품격인 참자아를 알아차리길 바란다. 이미 있는 참자아인 고품격을 당신이 간과한 것이다. 참자아를 찾아 알아차리고 자신의 고귀한 자아를 알게 되었다. 당신은 평온을 찾게 되었다. 실생활에 어떤 도움이 되는지 실험을 해본다면 매일 고통에서 벗어나는 삶이 된다.

당신은 고품격 자아를 알게 되고 자존감도 생기게 된다. 현인은 수시로 알아차리라고 한다. 참 자아로 살게 될 당신은 무거운 짐을 벗은 상태가 된다. 풍요로운 삶을 가지게 되고 마음 안에 자유를 갖게 될것이다. 참 자아와 가까워질수록 행복에 가까워진다.

자유롭고 행복하고 싶은 우리는 자신의 참 자아를 만났을 때 고요와 함께 느낄 수 있다. 평생을 살면서 참 자아 존재를 모른다고 하면 불행하게 살 수밖에 없다. 참 자아로 머물며 타인에게 투영된 삶은 너와 내가 구분 없는 삶이 된다. 나는 오늘도 스타벅스에서 글을 쓰고 있다. 내면 참자아를 투영하여 스태프에게 물 한 잔을 부탁한다. 나의 참 자아인 스텝은 마음을 알아차린다. 미소와 함께 부탁을 들어준다.

타인을 자신이라고 바라보면 마음이 보인다. 당신이 원하는 것은 타인도 원하고 있기 때문이다. 사랑받고 싶은 마음이다. 애를 쓰는 자아는 당신을 힘들게 한다. 당신이 고품격 자아에 머물고 알아차릴 때 풍요가 온다. 내면에 숨어 있는 참자아를 발견하길 바란다. 반짝 빛나는 자아는 당신을 위로 끌어올려준다. 당신이 고품격 자아라는 사실을 알아차려야 한다.

즐거운 삶을 발견하라

"평생 살 것처럼 꿈을 꾸어라. 그리고 내일 죽을 것처럼 오늘을 살아라."
-제임스 딘

30십대도 늦었다. 하고 50대는 더 늦었다고 한다. 60대에는 다했다고 할 수 없다고 할 것이다. 늦은 나이 나는 해외를 나가기 시작했다. 필리핀을 시작으로 영국까지 누군가 늦었다고 말할 때 다 일어난 일이다. 지금에서 생각하면 어마한 일이 일어난 거다. 유학 한 번 가보지 않은 내가 어디서 용기가 있어 시작했나 싶다. 마음이 간절히 원한 걸 알았다.

당신의 인생에도 잘한 것이 있을 것이다. 상상이 현실이 되어 일어난 창조물에 기뻐도 했고 타인의 부러움을 산 일도 있을 것이다. 목표를 두고 달려온 당신은 멈추고 싶을 때도 있었을 것이다. 결단을 내리지 않고서는 목표에 다다를 수 없다. 인생에 끊임없이 당신 것으로 만들 때 만족스러운 삶이라고 할 것이다.

인생에 잘한 첫 번째는 해외로 나가서 일과 여행을 한 것이다. 살림하다

아이가 크고 나를 돌아보니 꿈이 있었다. 못다 한 꿈에 대한 간절함이 있었던 것을 알게 되었다. 당신도 지금 꿈을 생각할지도 모른다. 두려움과 불안을 안고 목표를 향해 나아갔다. 하루가 지나고 기회가 오는 것을 알게 되었다. 그래서 기회가 되어 해외로 나가게 되었다. 두 번째는 나대로 살기로 결심한 것이다. 나대로 산 삶이 풍요를 주었고 건강 또한 주었다. 남 눈치를 보지 않고 나의 속도대로 살고 자신을 사랑하며 사는 삶이 주는 행복도는 매우 높았다. 지금도 만족하며 하고픈 것을 하고 산다. 자유가 주는 힘은 강력하다. 세 번째는 책 한 권을 쓰게 된 것이다. 책은 자신 안의 마음을 정리하는 시간이었다. 자기 내면을 자세하게 볼 수 있는 시간이었다. 마음을 글로 표현하는 것은 인간에게 주어진 고도의 기술이다. 인간에게 신이 할 수 없는 글로 표현할 언어의 자유를 주었다.

네 번째로 인생에 잘한 선택은 아버지 곁을 지켜드린 것이다. 자라면서 보인 아버지는 위대했다. 선하고 베풂을 하셨던 아버지시다. 아버지가 아프셔서 병원에 입원해서 계실 때 지켜드린 게 행복했다. 말로 표현을 안 하셔도 나를 향한 애정이 크게 느껴졌다. 아버지의 몸을 닦아드리며 안쓰러운 맘이 교차했다. 아버지를 보내드리고 마음이 고요함에 감사할 뿐이다. 다섯 번째로 잘한 선택은 단순화된 삶을 선택을 했다는 것이다. 단순화된 삶은 나대로 사는데 여유로운 시간을 주었다. 모든 것을 단순화하니 신경을 쓸게 많이 줄었다. 먹는 것도 단순화하니 시간이 오래 걸리지 않고 가진

게 단순화되니 청소 시간이 줄었다. 지금 삶이 만족한다. 하나의 운동화는 소중함을 줘서 좋고 남은 물건들에 감사함을 표하게 된다. 많은 신발도 정리하고 하나의 운동화에 감사하고 있는 나를 발견했다. 단순화된 삶은 단조로움이 주는 묘한 매력이 있다. 하고 싶은 걸 참는게 아니고 안 사는 나를 사랑한다.

인생을 자신이 주인공이 되어 설계되었는지 확인해 보자. 당신 앞에 놓인 많은 선택이 있었을 것이다. 주저 말고 따라가 보길 바란다. 잘하고 못한 선택을 떠나 가장 당신이 원하는 삶인가 보아라. 사람들은 가족 누구의 삶을 사느라 자기 삶이 없다고 푸념을 많이 한다. 그렇다면 당신은 거짓말을 하는 것이다. 푸념을 늘어놓는 것은 인정받고 싶은 마음이다. 인생에 책임을 지고 산다면 훌륭한 삶이다.

선택과 동시 최악의 문제를 책임지겠다고 생각해야 한다. 책임이 없는 선택은 남에게 탓을 돌리기 때문이다. 어떡하면 우리는 잘 선택할까? 수많은 선택지 앞에 자신을 던져야 한다. 잘한 선택이란 무엇인가? 후회가 없다는 뜻이기도 하다. 자신의 직감을 믿어보자. 자신이 이 선택을 하는데 자신의 직감이 원하는 곳으로 가보자. 누구의 의견도 벗어 버리고 오직 자신이 행복한지 척도를 관찰해야 한다.

타인을 행복하게 해주는 것도 중요하지만 자신이 먼저 행복해야 한다. 무슨 일을 하든 당신이 행복하면 타인에게 행복을 줄 수 있다. 당신이 무엇을 할 때 행복한지 찾아 뒤도 돌아보지 말길 바란다. 늦지 않았다. 바로 시작해 보자. 잘한 선택에 밀고 나아가는 것이다. 작은 거라도 당신이 선택했다면 다 소중하다. 남과 비교하지 말고 자신에 맞추고 믿고 나가길 바란다.

나는 해외를 돌고 일과 여행을 한 것도 선택했기 때문이다. 작은 것도 선택하는 습관을 가져보자. 레스토랑 가서 아무것이나 메뉴를 고르지 말고 마음에 드는 것으로 골라 보자. 가고 싶은 곳도 생각 없이 따라 가지마라. 당신이 꿈을 꾸었던 곳으로 가라. 선택하게 되면 뒤에 따르는 것은 신경을 너무 쓰지 말아야 한다. 하나씩 실행해서 나가면 된다.

당신의 인생에 잘한 선택 5가지를 만들어 보길 바란다. 타인의 의견은 하나의 길잡이로 보고 자신의 선택을 따라가면 된다. 아무도 당신이 선택한 것에 방해할 권리는 없다. 타인은 자신이 하고 싶은 것을 당신에게 투영하는 것이다. 휩쓸려 따라갈 필요 없다. 당신 안의 생각이 전부이다. 어떤 선택이든 제가 행복한 것을 선택할 것이다. 내가 선택한 것에는 잘한 것도 있고 못한 것도 있다. 잘못한 선택을 역으로 가보니 마음이 힘들고 불안할 때 했던 선택이었다. 불안감에 한 선택은 실패를 부르는 바람 같았다. 걷잡을 수 없는 바람은 정신을 파괴하고 몸을 아프게도 했다.

즐거운 삶을 위해 노후는 그림을 그리기로 선택하였다. 많은 작품을 모아 전시회를 열 꿈도 있다. 생각하면 기쁘고 미소가 절로 번진다. 잘한 선택이라 본다. 당신도 선택에 있어 직감대로 따라가 보자. 원하는 것이 보일 것이다. 지구가 당신을 위해 도울 것이다. 선택 없이는 행동할 수 없다. 지혜로운 선택에는 자신의 진실이 숨어 있다. 자신을 속이는 선택은 유지하기 힘들고 포기가 빠르다.

잘한 선택으로 남기 위해서나 자신을 사랑하고 자신이 좋은 것을 해야 한다. 즐기면서 하는 자를 우리는 이길 수 없다고 한다. 무엇을 하든 당신이 행복하다면 잘한 선택이다. 잘했다고 믿자. 당신 자신을 위한 선택은 최고이다. 5년 후 당신이 선택한 것이 어떻게 펼쳐졌는지 상상해 보는 것도 좋다. 긍정적으로 상상하며 선택한 것에 좋은 에너지를 불어 넣고 자신을 믿고 가야 한다. 당신의 인생을 위대하게 만들어 보자. 당신은 소중하고 사랑받기 충분하다.

나대로 살기 위한 관계수업

완전하게 나로 돌아가는 방법은 무엇일까요? 모든 시작과 끝은 자기 사랑입니다. 현자는 모두 외칩니다. 자기 사랑 없이는 나로 살 수 없다고 합니다. 나는 수없이 많은 경험을 가지고 깨달은 것 또한 자기 사랑이었습니다. 자신을 고품격 자아로 올려 두고 내면에서 자기 사랑을 찾는다면 누구나 고통 없는 삶을 살 수 있습니다. 자기 사랑은 매일 감사를 만들고 즐거운 삶을 찾아 가게 합니다. 진정한 나로 돌아가는 삶은 사람과의 관계를 원활하게 풀어 줍니다.

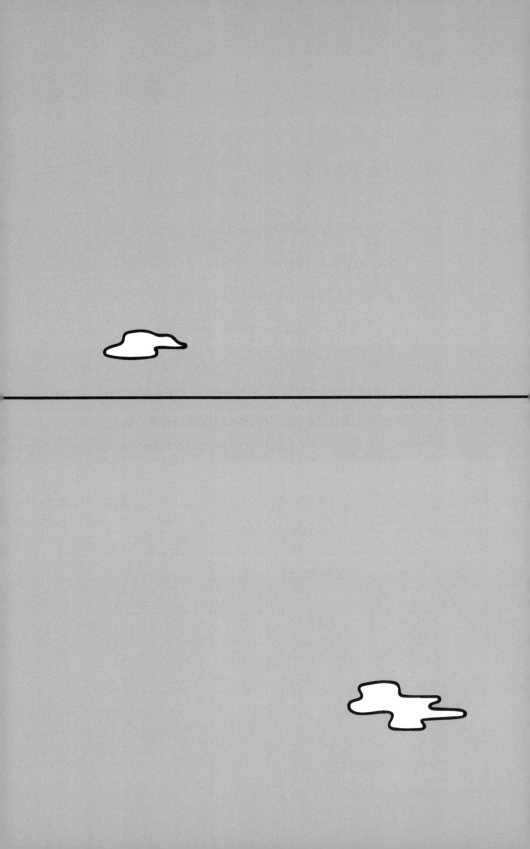

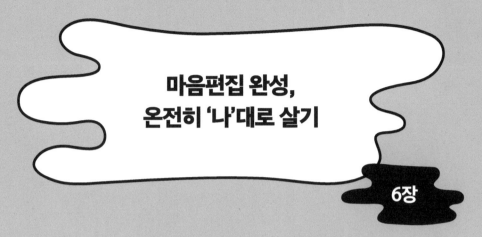

마음편집 완성,
온전히 '나'대로 살기

6장

마음을 편집하라

"우리의 마음은 우리의 천국이자 지옥입니다."

자신이 주인공이 되어 일상을 동영상으로 찍는다. 우리의 삶도 동영상 찍듯 찍어 돌려 볼 수 있다. 찍은 동영상을 편집 과정을 걸쳐 원하는 그림으로 만든다. 필요 없는 부분은 잘라버리고 다시 넣을 부분은 편집하여 더한다. 우리가 하루 종일 생각한 마음도 다시 돌려 본다면 어떻게 하고 싶은가? 자신을 제3자가 되어 관찰할 수 있을 것이다.

마음이란 생각이 모여 만든다. 우리는 마음을 표현할 때 언어 문자 행동으로 표현한다. 당신이 종일 만든 마음 안에는 동영상 편집에서처럼 자르고 싶은 게 있다. 마음이 제멋대로 돌아갈 때도 있다. 내면의 지껄임에 넘어갈 때도 있다. 만남에서 당신은 마음이라는 저장고에 많은 것을 담는다. 가야 하나 말아야 하나, 가면 무얼 입고 가나. 가서 내가 싫은 사람을 만나면 어쩌나 하는 생각들이 당신을 지배할 것이다. 오만 가지 시나리오를 만든다. 일어나지 않을 일들까지 상상한다. 당신에게 닥칠 코앞의 일들을 정확하게 맞춘 일이 있나? 시나리오대로 가지 않는다는 것이다. 사람들은 애를 쓴다. 그래야만 한다고 한다.

당신의 마음에서 일어난 일들을 오후에 편집한다면 어떨까? 생각해 보길 바란다. 하루 내내 우리는 많은 생각한다. 나의 경우는 아침에 일어나서 세수하고 오늘 약속한 치과 예약을 떠올린다. 위치 파악을 한 다음 시간을 예측한다. 창문 너머로 거리를 보며 가끔 우산 쓴 사람들을 보며 내가 가는 시간에는 비가 안 오길 바란다. 어제 읽기로 한 책을 펼치며 주변을 둘러본다. 두 페이지 읽은 다음 거실 바닥을 한번 밀어준다. 또 책을 세 페이지를 읽는다. 핸드폰을 넘긴다. 카톡도 확인한다. 아침마다 어머니와 전화로 대화를 한다. 간단하게 일상을 들으며 오래 사시길 기도한다. 준비하고 나가는데 보수공사로 위층서 물방울이 떨어져 점거하러 사람이 왔다 간다. 오늘 입고 갈 검정 뜨개옷에 베이지 치마를 입고 가방을 들고 전철을 탄다. 잠실까지 가는데 비가 내린다. 우산을 두고 왔다. 치과에 들어서니 공포가 밀려온다. 어금니가 부어서 갔는데 치아를 뽑아야 하는 일이 생겼다. 견적을 내고 다시 방문할 예약을 하고 온다. 슈퍼에 가는 걸 포기하고 맛집 김밥 한 줄을 소시지 빼고 주문한 걸 들고 온다. 오늘 일어나 일들을 동영상으로 만들어 본다면 마음이 움직이는 경로를 볼 수 있다.

생각들을 행동으로 옮긴 하루 중 편집하고 싶은 것은 무엇일까? 하루를 보니 생각대로 되지 않은 것들이 있다. 책을 집중하여 읽고 싶었는데 집중이 되지 않았다. 치과를 다른 곳도 가서 가격을 비교할지 하는 생각도 든다. 다른 곳은 어떻지가 궁금하다. 일기예보를 체크하지 못해서 비를 맞았다. 치과를 가전 공포에 떤 마음은 지나고 보니 그럴 필요가 없었다. 불안한 마음을 편집하고 싶다. 가장 중요한 것은 걱정하지 않아도 되는 불안감이었다.

뉴스를 보면 세상이 다 금방 무너질 듯 공포감이 온다. 사건 사고들은 예고 없이 일어난다. 평범한 일상들도 코앞을 예측하기 힘들다. 예측할 수 있으면 세상은 재미가 없을 듯하다.

당신의 일상을 하루를 동영상 찍듯 나열을 해보아라. 재밌는 일이 일어난다. 장면이 한 컷씩 지나간다. 우리의 인생은 한 장의 필름에 불과하다. 당신이 생각한 일들과 상관없는 일들도 펼쳐졌을 것이다. 당신이 주인공이 되어 영화의 한 장면을 찍고 나서 필름을 돌려 보길 바란다. 마음속에 갈등한 흔적을 볼 수가 있을 것이다. 잠재의식 속 프로그래밍한 장면들이다. 다이어트를 한다고 다짐한 당신은 분식집 앞 김이 모락모락 난 떡볶이를 사고 만다. 순간 당신은 자신을 바라볼 것이다. 계획에 없는 일이라고 후회할 것이다. 자신을 애써 변명하며 위로한다. 순간마다 우리의 잠재의식은 제멋대로 하려 한다. 이미 그렇게 프로그래밍 되어 있다고 한다.

우리의 일상 태도를 동영상 찍어 관찰하자. 반복되는 자신의 태도를 볼 수 있다. 우리는 타인의 태도는 금방 보이고 비판과 지적을 한다. 동영상 보듯 본다. 세세하게 관찰하기도 한다. 마음속에 그려진 동영상을 당신은 어떤 비판을 하고 싶은가? 상대를 있는 그대로 보아야 한다고 마음공부에서 말한다. 타인의 태도는 자신을 관찰하지 않는다면 볼 수 없다. 타인의 반응을 보고 알아차린다.

어떻게 하면 자신의 태도를 바라보고 개선을 할 수 있을까? 자신이 영화 감독이 되어 촬영한다고 생각하고 글로 나열해 보아라. 당신이 행동과 생각 감정을 표현해 보아라. 자신을 들여다보는 것에 익숙하지 않음을 알 것이다. 우리는 내면의 지껄임을 인지하면서 타인의 행동만 보고 사는 데 익숙하기 때문이다. 느낀 감정을 버리기까지 한다. 버려진 감정은 잠재의식에 저장되어 외부로 나타난다. 흰 종이 하나를 자신 앞에 꺼내서 하루 일어난 행동의 감정을 적어보길 바란다.

좋은 영화를 찍기 위해 편집을 해보길 바란다. 슬픈 감정이 있었으면 원인이 무엇인가 찾아 느껴보고 실수한 장면도 웃으며 느껴보자. 자신도 모르는 행동도 있다. 다음 자르고 싶은 부위를 가위로 잘라 보자. 하루 중 오락가락한 마음을 알고 다시 쓴다면 버릴 것을 버려보자. 편집 과정을 걸쳐 보아라. 습관적으로 매일 저녁 하다 보면 감사하는 일들이 더 생겨난다. 타인의 배려에 감사하고 자신을 사랑함에 감사하다.

　　자신의 하루 태도를 동영상 편집을 해보았다. 타인이 당신의 행동을 비판했을 때보다 안정감이 있었다. 우리는 타인의 지적을 저항하려는 습성이 있다. 아이가 엄마의 충고에 반응하듯 고집을 부리기도 한다. 당신이 자신을 바라보고 인정하고 느껴준다면 마음의 자유를 얻게 될것이다. 나는 이 과정을 통해 감사할 일들이 더욱 많아졌다. 표현하는 자유를 얻게 되었다. 타인과의 관계도 전보다 무척 편해졌다. 오후 잠들기 전 나의 태도를 바라보며 동영상 편집을 해보아라. 보다 자신을 객관화하여 볼 수 있는 좋은 태도이다.

　　인간은 망각의 동물이다. 태도를 바꾸지 않는다면 계속 같은 행동을 하게 된다. 나는 오랜 세월 동안 내가 하는 행동을 바꿔보려 노력을 많이 했다. 인간의 본성을 알고 어떡하면 나를 객관화하여 관찰할 수가 있을까 고민을 많이 했다, 이 방법을 쓰고 기쁘게 생활하게 되었다. 좋은 태도를 만들 수 있기 때문이다. 자신을 보며 당신이 한 행동을 관찰한다면 태도를 좋게 바꿀 수 있다. 반복된 습관이 말해준다.

　　당신의 태도를 동영상 찍듯 글로 써내려 가면 편집하고 싶은 것이 있을 것이다. 적나라하게 편집해 보라. 어디를 자르고 싶은가? 자른 부분을 편집하여 좋은 습관을 넣어 보아라. 잠재된 당신의 생각을 볼 수 있는 시간이다. 얼굴이 화끈거리기도 할 것이다. 감정을 느껴주는 것은 흘려보내기에 좋다. 고민할 필요가 없다. 편집기의 가위로 잘라버리는 순간 다 날아간다. 자르고 붙이고 넣고 마음을 편집해 보니 완성품이 되었다.

마음을 하루 중 부정적인 근심 걱정은 잘라내고 긍정의 행동과 생각을 넣어 보자. 인생을 편집하듯 최상인 것만 뽑아 만든다면 걸작품이 될 것이다. 오늘 괴로운 것은 편집기로 잘라버렸다. 당신이 편집하고 싶은 것을 해 보아라. 마음이 평온해지고 있는 그대로 받아들이게 된다.

마음을 편집하면 고통 없는 자유가 온다. 마음에서 부정적 언어에 삭제 버튼을 과감하게 눌러라.

하루를 마치고 당신의 하루를 편집하라. 타인과의 관계에서도 당신의 잘 못된 생각을 편집해 보아라. 당신의 생각이 잘못되었음을 알게 될 것이다. 버리고 싶은 생각들은 잘라서 휴지통에 버리자.

당신의 삶이 멋지게 편집되길 바란다.

불필요한 인간관계를 편집해라

"인간관계에서 가장 중요한 것은 상대방을 존중하는 것이다."

당신은 인간관계가 좋으신가요? 인간관계를 벗어나 우리는 살 수 없다고 한다. 불필요한 인간관계를 벗어나는 방법을 생각해 볼 필요가 있다. 상당히 우리의 에너지를 뺏어 간다. 힘겨운 인간관계의 끈을 이어가며 푸념을 늘어놓는다. 당신이 내려놓지 않는다면 사는 동안 고통과 피로를 안겨 줄 뿐더러 더 큰 악연으로 엮이게 된다.

사람들은 인생에 실패하거나 고통을 받을 때 등장하는 인물들이 있다. 그 사람 때문에 그랬다고 한다. 인생의 슬픔을 준 사람들이 있다. 아무도 주지 않았는데 우리가 끌어들이고 맺어서 이루어진 것이다. 주변 가족에게도 고통받는 사람들도 있다. 타인에게 의지해서 일어나기도 한다.

내 인생에 해로운 사람과 이제 이별을 고한다. 주변 부정적인 사람이 있다면 당장 관계를 멀리해 보아야 한다. 우리는 부정적인 사람들에게 어느

덧 에너지가 빨려간다. 이런 사람들은 부정적이어서 타인이 긍정적으로 말하여도 비난하게 된다. 당신이 어떠한 말을 해도 부정적 관점으로 본다. 당신을 비난한다면 가족이라도 멀어져야 한다. 당신을 걱정해 준다며 오히려 재를 뿌리는 행위를 한다. 당신의 계획을 쓰레기로 바라본다면 당신은 기가 빨려 아무것도 못한다. 주변에 당신의 에너지를 뺏어 가는 사람과도 멀리 해야 한다. 나중에 당신이 그 사람과 있다 보면 당신이 가해자가 되어 있다.

인간관계를 가지다 보면 무례한 사람과도 관계를 맺기도 한다. 자기 말만 하면서 타인의 시간을 뺏는 사람도 포함된다. 늪에 빠져 조정되고 있다면 당장 벗어나야 한다. 당신의 인생에 에너지를 불필요한 곳에 쓰게 된다. 재정적으로 당신을 곤란하게 하기도 한다. 지인은 친한 동창이라는 관계를 내세워 피해를 주는 사람인데 벗어나지 못하고 있다. 피해를 보면서까지 관계를 유지하려 한다.

관계중독에 빠진 사람들도 상당히 있다. 자신이 알고 지내는 사람의 수에 집착하며 인스타그램에 사진을 올려 자랑도 한다. 인정받고 싶은 욕구가 있는 것이다. 타인으로부터 당신의 위치를 확인받으려는 마음이 작용한다. 불필요한 인간관계라면 당신은 온전한 자신으로 삶이 아니다. 남의 삶을 사는 것이다.

나는 관계중독에 빠졌었다. 집착 수준이 되면 사람의 마음을 바꾸려고 한다. 자신도 바꾸기 힘들면서 상대를 바꾼다는 것은 힘들다. 관계가 힘들고 자신의 에너지가 소비된다면 당장 끊어야 한다. 불필요한 인간관계에서 벗어나면 자신의 시간을 확보하게 된다. 여유로운 시간은 자신을 위해 쓸 수 있다.

나는 불필요한 인간관계를 끊어 버리기로 마음을 정했다. 첫 번째 불쾌하지 않게 관계 거리를 두기로 한다. 가까이는 가족이 되고 지인이 될 수도 있다. 시간을 서서히 두어 자신의 시간으로 가져오도록 해야 한다. 자신의 시간을 즐기면 타인과의 불편한 관계를 생각할 시간이 없다. 나는 소중한 시간을 보내기위해 혼자 카페를 가기도 하고 갤러리를 다녀오기도 한다. 사람들이 많은 시장에 가보기도 한다. 무럭무럭 김이 나는 찐빵을 보면 하나 사먹고 물건을 흥정하는 사람들을 보면 덩달아 활기가 넘쳐난다. 혼자만의 시간을 값지게 지내도록 해보아라. 자신을 바라보는 시간이 헛되지는 않을것이다. 내면의 자신과 만나는 중요한 시간이다.

두 번째는 당신이 하고 싶은 것에 집중해 보아라. 당신이 미루었던 일들을 해보아라. 목표를 만들어 하나씩 실천을 해보는 것이다. 책을 읽기로 했다면 읽기 시작하는 것이다. 운동이나 그림을 그리고 싶었다면 우선 시작해보자. 평소 배우고 싶었던 것을 도전 해본다. 관심을 타인에서 자신으로 돌아오는 시간을 가지는 것이다. 자신이 행복한 순간이 무엇인지 먼저 생각하고 간다면 관계 피로감에서 벗어날 수 있다. 자신이 인생의 주인공으로 초점을 맞추고 간다면 행복해지는 자신을 볼 것이다.

세 번째는 혼자되는 두려움을 자신의 사랑으로 대체해 보자. 당장 당신이 관계중독에서 벗어나려 한다면 두려울 것이다. 처음은 마음이 허하고 자신을 비관해보기도 한다. 시간이 지나면 서서히 편안함을 느낀다. 빈자리에 당신이 담을 것을 생각하게 된다. 채우지 않아도 좋다. 당신 마음에도 평온함이 온다. 당신 앞으로 또 다른 인연이 오고 있다. 인연이 소중하게 다가오면 받아들이면 된다. 우리는 사람과의 연을 끊고 고립된 자로 살자는 것이 아니다. 불필요한 당신의 에너지를 뺏어 가는 사람을 멀리해야 한다.

불필요한 인간관계에서 벗어나면 자신을 바라볼 시간에 감사할 일이다. 시간에 쫓기는 삶에서 여유로운 시간이 주는 행복으로 더 나은 의식으로 초대된다. 실보다 득이 많은 인생이 된다. 삶을 아름답게 살라고 한다. 우리의 현실은 그렇지 않다고 한다. 불필요한 관계중독은 약을 먹어야 할 정도로 자신의 파멸에 이르게 한다. 수많은 관계의 중요성을 밤을 새우고 말해도 과언이 아니다. 간결하게 된 나의 인간관계를 사랑한다. 마음이 고요해짐을 날마다 느낀다. 자신을 바라보는 삶은 안전한 길이 된다.

삶은 유한하다. 우리에게 주어진 유한의 시간을 서로에게 행복을 주는 관계로 나아가길 바란다. 소중한 인생이 오늘도 지나간다. 당신의 시간을 행복한 관계로 엮어 나간다면 인생이 수월해진다.

불필요한 인간관계를 정리해도 아무 일이 일어나지 않는다. 더 자신을 사랑하는 시간으로 채워진다. 전화번호부에서 남기고 싶은 번호를 남기고 삭제부터 해보자. 관계에서 내가 매번 연락하여 만나야 한다면 관계는 시간이 지나도 변하는 것은 없다. 정서적 거리를 확보하자. 기분 좋은 거리이다. 관계에 집착하면 당신의 삶을 살 수 없다. 당신과 맞지 않는 사람은 복잡한 마음만 남는다. 서로 상처를 주는 관계로 남는다.

매년 나는 전화번호를 살피며 정리를 한다. 많은 사람의 번호가 행복한 삶과 비례하지 않는다. 많은 사람을 관리할 정도로 시간을 쓰고 싶지 않았다. 힘들게 가는 관계는 나를 힘들게 할 뿐이다.

관계는 집착에서 벗어나 관찰자 관점에서 바라보면 간격을 좁힐 수 있다. 나는 우연하게 다가오는 인연에 관심이 많다. 얼마든지 새로운 인연과도 만들어 갈 수도 있다. 불필요한 인연이 있다면 빨리 처리할수록 다른 인연을 환영할 수 있다. 불편한 인간관계를 당신이 정리하지 못하면 휘둘리는 삶 속에서 벗어나지 못한다. 이런 영향은 미래의 당신을 고통으로 몰고 간다. 빨리 정리하고 새로운 인연을 받아들이는 편이 변화의 시작이다. 관계가 괴롭다면서 끊지를 못하고 있다. 안타까운 일이다. 타인이 도울 수 있는 것은 없다. 자신이 끊어 내야 정리가 될 수 있다.

불편한 관계를 한꺼번에 정리가 힘들다면 약간의 거리부터 주어보자. 만나는 횟수를 줄이다 보면 점점 자연스럽게 멀어진다. 자신의 일에 열중하는 것도 한 방법이다.

전화번호부 기록에 당신이 지금 불필요하다고 생각한 것을 편집하여 정리하길 바란다. 남아 있는 귀한 관계에 있는 사람들과 소중한 인연을 만들어 보자. 전화부에 남은 사람에게 집중하고 더 잘하는 게 서로가 행복해지는 길이다.

불필요한 관계 정리는 또 다른 인연의 시작이다.

결정 장애의 극복

"신속하게 결단을 내리고 행동할 수 있도록 항상 자기 훈련에 힘써라."

우리는 단 하루라도 선택이 없는 날이 없다. 물건 고르기, 맛집 가서 메뉴 고르기 등 수도 없이 많다. 인터넷 세상은 정보가 넘쳐난다. 지인은 결정 장애가 있다고 했다. 자신이 결정 못하고 타인의 눈치를 보고 선택한다. 인터넷 세상으로 가면서 결정 장애가 많아진다. 선택의 여지가 많기 때문이다.

마음이 약하고 남의 눈치를 볼수록 결정하기가 더 힘들다. 나는 결정하는 것을 몹시 힘들어했다. 남이 선택해 주길 바란다. 검색하다 하루를 다 보내기도 한다. 선택지가 많아질수록 더 힘들다. 우리는 음료수 하나를 사먹기 위해 검색기를 돌린다.

지인과 한남동 감자탕 먹으러 갔던 일이 있다. 버스를 타고 가는 내내 지인은 감자탕 먹을까? 뼈찜을 먹을까? 한참을 블로그 검색을 하며 찾는다.

전에 영국에서 일할 때 주말 한국에서 여행하러 온 젊은 친구와 동행한 적이 있다. 우리는 미술관을 돌고 목마르다며 슈퍼에 들어가 음료수를 사고 나와 있는데 한참이 지나도 오질 않는다. 나는 다시 들어가 찾는데 검색을 심각하게 하는 그 친구를 보고 의아해했다. 음료수 하나를 사는데 검색하고 비교하고 있었다. 그 모습이 귀엽기도 하고 살짝 짜증도 올라왔다. 버스 속에서 검색하는 지인을 보고 그때 아가씨가 뇌리를 스쳐간다. 블로그를 읽으며 장단점을 말한다. 결정하는데 최고의 선택을 하고 싶은 것이다.

불과 몇 년 전에 나 역시 선택이 힘들었지만, 지금은 많이 나아졌다. 직감을 믿는 편이다. 블로그에 맹신하고 뼈찜을 선택한 지인은 안심 모드로 돌아왔다. 그날 우리는 뼈찜을 먹었고 나는 인공감미료에 물만 잔뜩 먹어 배가 터질 지경이 되었다. 음식을 하나 선택하는데 많은 생각과 고민을 하는 시대이다. 과연 가성비 좋은 선택이었나 생각하게 된다.

선택 장애는 두 개를 다 갖고 싶은 욕심에서 나온다고 볼 수 있다. 하나를 선택하면 다른 거에 대한 미련이 남기 때문이다. 물건을 선택할 때도 다 가지고 싶은 마음이 큰 것이다. 하나를 선택했어도 나중 또 사게 되어 있다. 하루면 몇 가지의 선택을 하며 살아야 한다. 나는 단순하게 산 뒤로 물건 결정하는 괴로움은 많이 사라졌다. 결정이 힘들 때는 욕심이 앞서 두 개를 다시 버린 일들도 허다했다. 지금은 집으로 물건을 들이는 일에 신중해서 선택의 폭이 작아졌다. 다른 사람들이 사는 데 시간을 소비할 때 나는 시간이 남는다. 주어진 시간을 가치 있는 일에 쓰게 되었다. 낭비되는 인생에서 벗어날 수 있게 되었다.

물건의 선택은 나에게 있어 선택 장애는 없다. 우리가 힘든 것은 물건 욕심이 많은 데서 오는 것이다. 그 외 선택을 할 일들이 있다. 좋은 관계를 맺기 위해서 약속을 선택해야 한다. 여기에서는 불편한 것을 걸러 내면 된다. 불편하다면 만나지 않으면 되고 만나야 하면 시간을 잡으면 된다. 선택에 이어 단순하게 원하는 약속만 잡는다. 만나는 사람을 축소하고 좋은 만남을 가지면 된다.

옳은 선택을 위해 검색하고 찾는 것도 중요하다. 잘 검색했어도 문제는 발생할 수 있다. 잘 정돈된 식품들이 나열된 백화점 물건도 좋지만 무심하게 간 재래시장 할머니가 내놓은 거친 산나물들을 사주는 것도 좋다. 입소문으로 간 맛집은 사람들이 많아 정신이 없을 때가 있다. 검색하고 잘한 선택이라고 했을 것이다. 인생도 자신이 선택하여 갔는데 전혀 다른 길로 가버린 일도 있다. 선택을 신중히 했어도 결과는 전혀 다른 경우도 많다. 앞에 벌어진 일들에 기쁘게 받아들인다면 선택에 다른 스트레스는 사라질 것이다. 너무 많은 고민으로 선택하다 보면 타인에게 의지하게 된다. 내가 처음 해외를 나가려 했을 때 타인의 생각을 믿어버렸다면 그 많은 일들은 일어날 수 없었다. 타인의 의견은 참고일 뿐이다. 선택은 내안의 내면이 결정한다.

타인의 의견을 너무 따라간다면 무엇 하나 결정할 수 없는 사람이 된다. 요즘 신세대들은 결정 장애가 많다. 선택할 수 있는 재료가 많아서 그렇다. 잘못된 선택의 결과에 굴복할 수 없다는 마음이다. 손해를 보기를 극도로 싫은 것이다. 쏠림 현상도 심해졌다. 같은 것을 먹고 같은 스타일을 하고 명소도 미리 가본 사람들이 경험한다. 인스타그램의 사진은 비슷한 것들로 도배되어 가고 유명한 물건들은 품절 대란이 일어난다. 우리의 선택을 타인이 골라주기도 한다.

타인이 결정해 준 것에 익숙하다 보니 자신의 삶을 설계하는데 몹시 힘들어진다. 힘들어진 선택은 무기력을 만든다. 자기 삶이 없고 내면을 들여다보지 못한다. 생각이 많아지면 행동으로 옮기기가 저 때문이다. 때문이다. 복잡할수록 덜어내야 한다. 덜어내고 남는 것에 선택이 쉬워진다. 삶이 단출해지면서 선택 장애가 없어진다.

필요 없는 곳에 에너지를 쓴다면 자신을 위한 시간은 없다. 당신의 삶을 사는데 열정을 쏟아야 한다. 결정 장애를 극복할 방법은 단순하게 만드는 것이다. 맛집을 선택할 때도 건강을 위해 우선하는 것을 고르거나 안 좋은 음식을 빼면 된다. 만나는 사람도 자신에게 안 맞는 사람을 가려내면 남은 사람과의 선택이 쉬워진다. 인생은 자기 손에 달려 있다. 자신이 직관으로 선택한 것을 믿으면 된다. 선택에 따른 선택에 책임을 지면 된다.

침착하고 고요하게 흐르는 대로 자신에게 맡기면 선택이 쉬워진다. 타인의 삶을 따라가거나 집착하는 데서 오는 선택은 불편함을 준다. 완벽한 결정은 없다. 영국에서 음료수 하나 선택하는데 30분을 에너지를 쓴 아가씨의 선택은 완벽했을까? 우리의 선택이 의외일 때가 흥미를 유발한다. 비교하고 좋은 것을 사는 것은 현명하다. 그러나 그것 또한 잠시다. 또 다른 제품은 얼마든지 쏟아진다. 음식을 선택할 때도 먹을 당시뿐이다. 기억은 시간이 지나면 간단하게 묘사된다.

선택에 힘들어하지 않기로 했다. 과거와 미래를 두고 비교하니 괴로운 것이다. 지금, 이 순간에 가치를 두고 한다면 어려울 일 없다. 단순한 삶을 산다면 많은 고민이 필요 없다. 단순하고 순수하게 만들어야 인생을 즐겁게 살 수 있다.

많은 선택지는 우리에게 과소비를 부르게 한다. 광고와 주변의 말에 속지 마라. 가진 것과 먹는 것을 단순화하면 선택하는 데 시간이 오래 걸릴 필요가 없다. 여유로운 삶을 선택한다면 현명하게 살 수 있다.

이미 답은 내 안에 있다

"외부의 것에 집착하지 말고 내면의 것에 충실하라."
-장자

하루면 수많은 생각들이 마음을 가득 메운다. 부정이든 긍정이든 왔다 갔다 한다. 갈까? 말까? 할까? 말까부터 비교하고 비판한다. 하루 중 당신의 의식은 자신도 모르게 잠재의식대로 조정되고 있다. 우리가 잠재의식을 의식화하려면 어떻게 해야 할까? 우리가 원하는 대로 잠재의식이 움직이게 할 수는 없는가?

당신의 머릿속에서는 현재 의식과 잠재의식이 충돌하고 있을 것이다. 잠재의식은 무엇이든 당신 안으로 들어온다. 잠재의식을 잘 활용하면 행복으로 가는 삶을 살 수 있다. 잠재의식을 잘 활용하기 위해서는 환경을 만들어야 한다. 타인과의 대화에도 긍정의 말을 하며 좋은 운을 서로 받도록 해야 한다.

잠재의식으로 원하는 것을 얻을 게 있을까? 꿈이 현실이 되길 원한다면 잠재의식을 활용하여야 한다. 내면의 잠재의식은 매우 강력하다. 잠재의식을 실행하기 위해 우리는 어떻게 할 수 있을까? 잠재의식에는 치유의 힘도 있다. 자신이 건강하지 못하다고 마음속에 갖고 있으면 당신은 질병에 걸릴 확률이 높다. 자기 암시가 중요하다. 최면에 걸리듯 자신을 생각한 대로 된다는 것이다. 예를 들어 당신이 복숭아만 보아도 가려울 것이다. 자신에게 자기 암시를 한 것이다. 잠재의식의 작용을 알아보자. 자신이 진짜라고 생각하는 것을 받아들인다. 나는 건강하다고 하면 건강하다. 잠재의식에 씨를 뿌려보자.

잠재의식을 어떻게 활용하는지를 알아보자. 당신의 잠재의식은 생각하는 것을 주입한 대로 작용한다. 당신이 평온한 상태로 긍정의 말을 한다면 그대로 이행한다. 무한한 치유 능력이 있다. 나의 이야기를 해보겠다. 나는 갑상샘염으로 피로하고 힘들다고 말을 달고 살았다. 약을 먹어도 나아지는 기미가 보이지 않았다. 생각을 바꾸어 나는 건강하다. 이미 평온하다고 말하고 잠재의식에 주입했다. 약을 버리고 나는 건강하다고 했다. 지금도 그렇게 계속 한다. 아무 이상 없이 잘 지내고 있다. 하루 중 조용한 시간에 잠들기 전 자신이 부유하고 건강하다고 확언해보자. 당신이 진실이라고 생각한 대로 된다. 당신의 잠재의식은 가려서 받아들이지 않는다. 잠재의식은 옳고 그름에 상관없이 받아들인다.

나는 매일 확언하는 것이 있다. "나는 날마다 점점 나아지고 있다."라고, 틈만 나면 말한다. 이렇게 한다면 당신은 처음에는 자신을 부정하기도 한다. 지금 상태를 비교하는 것이다. 당신이 생각하는 것은 운명이 된다. 자신이 바라는 것을 비웃기도 할 것이다. 주변에 말해도 간과할지 모른다. 주변의 의견을 무시하고 당신을 믿고 가야 한다. 당신의 주변이 잘되는 것 또한 축하해야 한다.

당신의 일이 안 풀린다면 당신이 주변에 부정적인 마음을 가지고 있지 않나 살펴 봐야한다. 꾸준히 자기 암시에 긍정을 불어 넣어 주는 연습을 하게 되면 놀라운 일들이 벌어지게 된다. 자신의 잠재의식에 긍정 씨를 뿌리도록 하자. 충실하게 계속한다면 외부로 투영하게 된다. 당신의 기도가 응답받길 기대하는가? 자신의 마음속으로 잠재의식에 불어넣길 바란다.

잠재의식을 활용하여 꿈을 이루는 방법을 보자. 자신의 마음에 긍정으로 쌓아 가보자. 기쁨과 사랑 평온을 넣어 준다면 문제가 풀리게 된다. 저는 잠재의식을 활용하여 내가 원하는 곳으로도 가보고 해외를 20개국을 다니게 되었다. 가고 싶은 나라의 풍경을 그림으로 느끼며 이미 가 있는 나를 상상하며 간다고 생각한다. 잠재의식은 우리의 확신을 믿는 한 받아들이고 경험하게 된다. 나는 프랑스로 날아가 에펠탑 앞에서 샴페인을 들고 인증샷 하는 것을 암시했다. 1년 전 나는 그것을 이루게 되었다. 내면에 자기 암시를 꾸준히 한 결과이다. 당신이 하는 자기 암시는 긍정적으로 반복을 한다면 당신의 잠재의식에 스며들게 된다.

긴장을 풀고 자신을 믿고 원하는 긍정을 넣어 보길 바란다. 잠재의식은 자신이 생각하는 모든 것을 믿는다는 것이다. 잠재의식의 협조가 필요하다. 잠재의식에 당신의 생각을 잘 활용하면 다른 삶을 살게 된다. 믿음이 될 때까지 당신이 반복하여 확언이나 긍정의 말을 계속한다면 당신은 원하는 곳으로 가게 된다. 당신이 그리는 미래는 무엇인가? 당신이 만든 세상을 잠재의식에 담아 보길 바란다. 마음속으로 당신이 믿는 것을 따라가 보아라.

잠재의식의 기적을 아는 사람들은 많지 않다. 한평생을 살면서 모르고 애써 열심히만 살면 되는 것을 알고 사는 사람들이 많이 있다. 잠재의식을 잘 활용하기에는 반복이 중요하다. 내면을 변화시키는 것부터 시작해 보자. 인생을 변화시키는 것은 어렵지 않다. 아등바등하면서 살아보기도 했었다. 힘들이지 않고 가는 잠재의식의 활용을 알고 힘들이지 않는다. 잠재의식은 놀라운 기적적인 삶을 살 수 있다. 하루 중 부정적인 감정은 수시로 올라온다. 멈추길 바란다. 내면의 바다에 긍정의 말을 스미게 하여라. 풍요를 외치고 마음에 각인시키면 부를 끌어당기기도 한다. 내면에 잠재의식의 밭에 당신의 풍요를 채워라. 의심하지 말고 믿어라. 자신을 믿지 못하고 불안감이 오면 잠재의식은 그대로 실행한다.

잠재의식의 비밀은 기적과도 같다. 숨어 있는 잠재의식을 활용하면 더 많은 풍요와 기쁨을 얻는다. 내 안에 이미 잠재의식이 존재하고 있다. 잠재의식의 힘을 사용하기 위해서는 당장 현재의 삶을 바꾸어라. 우리는 아름답게 살 권리가 있다. 자기 암시를 해라. 당신이 원하는 것을 잠재의식에 암시해라. '나는 건강하다. 나는 풍요다. 나는 부자다. 나는 고귀한 인간이다.'라고 암시를 해라. 그대로 된다. 잠재의식이 알아서 작동한다.

기도하듯 잠재의식에 원하여라. 잘 활용하면 우리는 행복하고 사랑받고 살 수 있다. 마음속 믿음이 당신을 이끌 것이다. 당신의 내면에 무엇을 채웠나? 시궁창 같은 쓰레기로 채우고 싶은가? 아닐 것이다. 생각을 긍정으로 채워 애쓰지 않고 가는 삶에 축복이 내릴 것이다. 당신이 뿌린 사랑은 더 큰 사랑이 되어 돌아온다. 깨달음을 아는 사람들은 내면의 원리를 잘 안다. 원인이 있는 결과를 알아야 한다. 원인을 바꾸길 바란다. 잘못된 원인을 제거 해야한다. 원하는 결과를 얻기 위해 방해물을 제거해 보자. 당신이 한 말을 그대로 받아들이는 잠재의식은 지금도 명령을 행한다. 지시하라 잠재의식에 당신이 원하는 풍요를 보내라. 잠재의식을 잘 활용하는 비밀을 알게 된 당신은 삶이 부드럽게 넘어간다. 좋은 습관으로 잠재의식에 자기 암시를 하면 하루가 기쁨으로 넘치는 삶이 될 것이다.

자아 이미지를 편집하라

"세상을 바꾸려면 먼저 자신을 바꿔야 한다."

자아 이미지는 바꿀 수 있을까? 자아 이미지는 자신이 어떤 사람이라는 개인적인 생각이다. 남들이 말하는 자아 이미지는 고민할 필요는 없다. 매일 변하고 있다. 어제와 다른 오늘은 이미지도 변해 있다. 지금까지 나는 남들이 정해준 자아 이미지로 살아왔다. 자신이 보는 자아 이미지를 만들어 보자. 우리가 정한 이미지대로 살 수 있다.

가족이 정해준 자아 이미지는 큰딸이자 책임감을 얹어 주었다. 항상 동생들에게 양보하고 솔선수범하라는 부모님의 자아가 있었다. 이미지로 굳혀 있어서 더 요구할 것도 꽤 힘들어했다. 주변을 너무 의식한 나머지 용기도 부족했다. 말할 때도 긴장감이 가득했고 표현이 부족한 삶이 되었다. 무엇하나 내 맘대로 할 수 있는 자신감마저 어디로 갔는지 잊고 산다. 주변서 만든 이미지는 착하고 순진한 사람이 되어 있다. 부모 말을 잘 듣고 예의 있는 학생이 되어 있다. 자발적이지 못한 내 안의 자아는 두려움에 떨고 있었다. 작은 것 하나 시작도 힘들어 두려워하는 마음이 자리를 잡고 나서였다. 타인의 말이나 행동을 자신 것으로 착각하고 산다.

자아 이미지는 어린 시절 경험을 통해 무의식적으로 형성된다. 우리는 살면서 잘못된 정보로 고통을 받고 산다. 주변 환경이 자아를 만들어 준다. 수많은 잘못된 정보가 축적되면 진실이 되어 살아가게 된다. 타인의 말 한마디에 죽고 살게 된다. 끔찍하고 무서운 이야기다. 타인이 정해준 삶을 살게 된다. 변화를 하고 싶어도 내 주변의 말 한마디에 좌절하고 만다.

시간이 지나 자아 이미지에 의문을 가지게 된다. 자아가 확장되는 나를 발견했다. 고정된 이미지는 내가 아님을 알게 된 것이다. 결정 내리는 것 하나 힘든 내가 해외로 나가는 과감한 결정을 내린다. 남이 만든 고정된 이미지가 파괴되는 순간 통쾌함을 느꼈다. 습관적이고 반복되는 이미지 패턴을 보았다. 자신을 표현하기를 포기하고 타인이 정하게 이미지를 자신으로 착각하고 살았다. 자신이 만든 습관의 덫에 갇히게 돼 버렸다. 굳어 버린 자아를 깨고 나올 때는 공포가 밀려왔다. 굳어진 자아와 내가 만들어 갈 이미지의 충돌이 일어난다.

두려움을 안고 시작된 해외 생활은 또 다른 자아가 내면에서 움틀 거리도 있었다. 환경을 바꾸고 다른 곳으로 집중을 시켰다. 기존에 있는 자아와 이별을 하고 싶었다. 아무것도 할 수 없다는 두려운 내면 속으로 들어갔다. 해외에서 일하며 끊임없는 투쟁과 힘겨루기를 했다. 새로운 정보를 받아들이기로 했다. 새로운 회로를 주입해 자아를 바꾸는 외로운 싸움이었다. 순간 깜짝 놀라게 하기도 했다. 굳어진 습관이 괴롭히기도 했다. 습관은 스트레스가 가중되어 나를 힘들게 했다. 긴장하고 살다 보니 막다른 길에서 몸이 아프고 말았다.

용기를 내어 온 해외는 나에게 자아 이미지를 바꿀 기회를 주었다. 몇 년의 세월 속에 굳어진 회로를 바꾸는 것은 자신이다. 생각한 대로 살기로 선언하고 앞으로 나아가 보았다. 엄청난 일들이 벌어졌다. 호기심으로 여러 나라를 가게 되고 그곳서 나를 발견한 것이다. 온전히 만들어 가는 자아로 살게 된 것이다. 점점 용기도 생기고 하고 싶은 것도 생기게 되었다.

내가 만든 이미지대로 살아보기로 했다. 용기를 낼 수 있었던 것은 상처받고 두려운 자아를 보기 시작하면서 바꾸고 싶은 충동이 생겼다. 내가 만든 한계를 내가 부숴도 된다는 것을 알게 되었다. 주변서 내게 묻는다. 늦은 나이 용감하게 해외를 나가 경험한 것을 신기하고 대단하다고 한다. 멍청한 나도 있었고 용기가 없어 표현 못 하는 나도 보았다. 지금도 도전하는데 두려움은 없다. 내면의 회로를 바꾼 뒤로 타인이 만든 자아를 벗어 버릴 수 있기 때문이다. 나로 산 삶을 찾게 된다. 남의 눈치에서 벗어나고 나를 당당하게 표현한다. 순간 희열을 느낀다.

자아를 자신이 디자인할 수 있다는 것을 알았다. 이제까지 속고 살은 자신을 일으켜 세울 방법이 있다. 누군가 선을 긋고 만든 자아 이미지 회로를 바꾸길 바란다. 처음에는 혼돈이 일어날 수도 있다. 두려운 공포가 당신을 압도하기도 한다. 타인이 만든 이미지를 부숴 버릴 마음만 가지면 된다. 늦은 나이 벗어 버린 자아는 지금도 변화를 갈구하며 살고 있다. 걱정되는 것은 없다. 낯선 영역에 놓여도 두려운 것이 없다. 하루도 예측할 수 없는 일들이 일어난다. 남의 삶을 부러워할 필요 없다. 자연스럽게 당신의 뇌에 프로그래밍한 삶을 알아차리면 반은 이미 시작이다. 외부 세상을 바꾸려 했던 자신에 놀랄 것이다. 세상을 어떻게 바꿀 수 있단 말인가? 자신의 이미지를 바꾸는데 빠르다.

지금도 자신을 바꿀 수 없다고 한다. 과거에 갇혀 후회만 하고 사는 삶은 변화는 있을 수 없다. 자신의 문제를 해결할 수 없다고 생각에 갇혀 있다. 학습된 무력감은 주변에 영향을 준다. 내가 자아 이미지를 바꿀 수 있었던 것은 내면에서 일어난 일을 탐색하고부터다. 외부에서 찾던 것을 내면에서 찾아보기로 한 것이다. 나라는 자아는 내가 만든 것이었다. 다시 만들 수 있는 것도 자신이다.

변화의 회로에 바로 올라탈 수 있는 말랑말랑한 생각이 있다. 타인이 만든 자아는 자신 것을 상대에게 비춘 것이다. 가만히 생각해 보아라. 하고 싶은 것을 타인에게 해보길 권한 적 없는가? 자신이 하기에는 두려워 타인에게 해보길 권한다. 대리만족에서 오는 자기 회피가 될 수 있다. 습관적인 고집에서 벗어나야 한다. 지금까지 있었던 이미지의 습관의 틀에서 탈출해야 더 나은 사람이 될 수 있다.

배움과 성장의 기회를 알아차리고 변화를 시도한다면 기존 이미지에서 나올 수 있다. 내면 상태를 알아차리면 주변 사람들을 보는 관점이 바뀐다. 자아 이미지를 디자인해 보자. 이제까지 당신이 믿었던 자신의 이미지를 바꾸어 보자. 잠재된 당신의 이미지는 자동으로 만들어진 것이다. 계속되는 습관으로 바꾸게 되면 자유와 행복을 안겨준다.

자아를 바꾸기 위해 첫 번째 자아는 자신이 만든 것인 것을 알아차려야 한다. 자아는 자신이 만들기 나름이다. 자신이 믿는 자아대로 살게 된다. 바꿀 수 있다는 믿음을 가져야한다. 두 번째는 기존의 자아를 당신이 원하는 자아로 나열해 보기 바란다. 긍정의 언어를 자신에게 심어주며 바꾸어 보면 변화의 시작이다. 당신을 평가하는 것은 자신이다. 세 번째는 바꾼 이미지를 시간을 두고 회로 위로 올라타라. 결심한 자아 이미지로 살아보는 것이다. 멋진 화가의 이미지를 그렸다면 이미지로 미리 사는 것이다. 지금 내가 하는 이미지다. 이미 화가가 되었다고 이미지를 그리며 실제로 그림을 그리고 있다. 점점 발전하는 자신을 발견한다. 습관이 자아 이미지를 만든다.

지금의 당신은 과거에 당신의 생각 산물이다. 지금 당신이 생각하는 이미지로 생각해 보자. 나는 날씬하고 아름다운 여자다. 나는 경청을 잘하고 우아한 여자다. 나는 멋진 예술가이다. 나는 최고 작가이다. 나는 현명하고 지혜롭다. 자신의 이미지를 원하는 대상으로 가보자. 우리는 내면에서 각자 그리는 이미지로 살고 있다. 이미지를 만들고 감사를 하면 정말 그렇게 살게 된다. 자기 이미지가 우아한 여자인데 가벼운 행동을 하기 힘들어진다.

내면에 자기 이미지를 저장하면 기억을 믿으려 한다. 자아 이미지가 그래서 중요하다. 자신을 별 볼 일 없고 무능하다고 하면 자신도 모르게 그런 행동을 한다. 내면 자신의 이미지로 상대에게 투사된다. 우아하고 현명하게 자신을 이미지 맞게 편집한다. 현재의 자신 이미지는 상상한 것에서 생긴다. 자아 이미지를 버리고 싶은 것은 잘라버리고 넣고 싶은 것은 넣고 자유롭게 편집해 보자. 당신은 당신의 뇌가 편집하여 당신을 착각할 정도로 바뀌어 살 수 있다. 편집된 자아 이미지가 당신이다.

며칠간 나는 나의 이미지를 편집해 보았다. 나는 아름다운 작가이다. 날씬하고 건강한 몸매를 가졌다. 그림을 그리는 예술가다. 책을 매일 읽으며 의식 성장을 하는 여자다. 한국으로 귀국하여 음식을 절제 없이 먹어서 배가 조금 나왔다. 배가 나온 나를 보면 나의 이미지가 아니라 보고 이미지를 편집한다. 피부가 뽀얗게 반짝반짝한 피부 미인으로 편집한다. 이미지로 편집되어 몸에 좋지 않은 음식은 알레르기로 반응한다. 신기하게 주변서 좋지 않은 음식이라고 피하는 음식에 설사하고 몸에 두드러기가 나며 먹을 수 없게 만든다. 나에게 부정적 영향을 주는 것은 삭제 버튼을 눌러라. 나는 즐겁게 마음속으로 삭제 버튼을 눌러 버린다.

당신의 자아 이미지를 편집해 보길 바란다. 생각한대로 당신의 뇌는 이미지대로 돌리기 시작한다. 무의식중에 당신도 모르게 행동하려다가도 멈추게 된다. 재밌게, 스트레스를 받지 말고 원하는 이미지대로 만들고 행동하기를 바란다. 가장 최상인 자신의 이미지를 하루 종일 산다면 하루가 행복하다. 자아 이미지 중독은 깊이 빠져도 좋다. 당신을 보다 높은 자아의식으로 올려놓기 때문이다.

지금 바로 당신의 자아 이미지를 편집해 보아라. 편집된 자아로 뇌는 가동하고 있다. 당신이 원하지 않는 것은 삭제 버튼을 눌러 휴지통에 버려라.

사라질 오늘을 기억하자

"현재에 열중하라. 오직 현재 속에만 인간은 영원을 알 수 있다."
괴테

사람들은 미래에 두고 살길 원한다. 오늘은 과거의 미래이다. 그래서 미루고 오늘 못한다. 가장 내가 좋아하는 말은 '지금, 이 순간을 살아보자'이다. 최대의 순간들은 오늘과 가장 가까운 과거일 뿐이다. 지금도 지나간다. 누가 당신에게 누구냐고 물으면 과거를 이야기한다. 사라져가는 오늘이다.

매년 한 해 계획을 세운다. 계획한다고 그대로 일어나지 않기도 한다. 연말에만 큰 그림을 그린다. 하고 싶은 일들을 상상하여 핸드폰 앞 화면에 캡처해두었다. 떠오르는 오늘을 살려고 노력한다. 주변 사람들은 바쁘다며 오늘 못한다고 입에 달고 산다. 아마 그런 사람은 죽는 날에도 내일 한다고 할 것이다. 문득 떠오르는 생각을 그냥 스쳐 지나가지 않는다. 한번은 내가 좋아하는 배우인 고현정이 분위기 있는 곳에서 지인과 담소를 나누는 장면이 나온다. 나는 가고 싶다는 마음이 떠오른다. 장소를 검색해 보니 청담동 분위기 있는 이탈리아 레스토랑이었다. 가장 친한 지인과 가고 싶었다. 예약하고 가기로 약속한다. 그날이 오길 기다리는 마음은 행복 속에 있다. 그곳을 찾아가 보니 분위기 있는 곳이다. 영국에 있을 때가 생각나게 하는 분위기다. 하얀 식탁보에 고급스러운 그릇이 세팅되어 있고. 코스요리를 기다리는 마음이 대접받는 느낌이라 좋다. 예약을 잘했다는 생각이 된다. 오늘 못하면 내일도 못했을 것이다. 부드러운 스테이크를 먹고 디저트까지 먹고 차를 마시며 창가의 바라보는 나는 행복해하고 있었다. 내면에서 올라오는 행복을 보았다.

오늘을 살지 못하면 불행해진다. 오늘은 사라지기 때문이다. 오늘 행복을 찾아 밖으로 나가면 행복은 영영 찾지 못한다. 붓다가 말했다. 행복은 우리 안에 있다고 말했다. 지금 떠오르는 행복을 알아차리고 살아야 한다. 바쁘다고 계속 깊이 없는 삶을 산다. 하루 종일 무의식 상태로 외부에서 일어난 일들에 함몰되었다. 어딜 가나 인터넷에 빠져 자신을 들여다볼 시간이 없다는 것이다. 무의식으로 하루를 다 보내는 시간은 자기 내면을 들여다볼 수 없다. 사람들은 하루가 금방 가고 할 일이 많다고 한다. 하루 종일 어디다 정신을 두고 사는지 모르겠다고도 한다. 지금을 살지 못하는 이유이기도 하다.

오늘 차 한 잔의 여유가 없다면 언제 할 수 있다는 말이냐? 내면은 외부 세상을 창조한다. 인생이 고단하고 바쁜 것도 생각이 창조한다. 입에 달고 사는 바쁘다는 말은 계속될 수밖에 없다. 바쁘다는 것을 어디에 두고 사는지 살펴보니 하지 않아도 될 일들을 만들어 하는 것이다. 쉬지 않고 생각을 창조하고 있다.

나는 오늘을 살기 위해 모든 삶을 단순하게 만들었다. 해야 할 일들을 축소하고 하지 않아도 될 일들은 가뿐이 넘어간다. 시간의 여유가 있어 일상을 즐길 수 있게 되었다. 긴장감에 해야 한다는 강박증에 가깝게 살 때는 하루를 휘둘리며 살았다. 할 일을 찾아야 할 정도였다. 몸은 축 늘어져 저녁이 되면 잠을 청하는 반복된 하루의 연속이었다. 질이 좋은 삶이라고 볼수 없다.

쫓기듯 산 삶 또한 자신이 만든다. 오늘을 살지 못하니 문제를 만들고 해결되지 않는 것에 매달려 있다. 행복한 감정마저 오늘 즐기지 못한다. 감정에 충실하기로 한 뒤로 평화가 찾아왔다. 가고 싶은 곳이 있으면 가보고, 보고 싶은 것이 있으면 오늘 가보려고 한다.

진정 행복한 사람은 행복할 줄 아는 사람이라 한다. 내가 행복해서 행복한 것이다. 행복을 찾아 긴 여정을 떠났다. 긴 여정 속에서 공포와 두려움도 있었지만 지나고 보니 다 내가 만든 것임을 알게 되었다. 감정의 본성을 알게 되면 느껴주는 게 답이다. 새로운 시작이 힘들 때도 공포의 소굴로 들어갈 각오가 있었기 때문에 가능했다. 모든 일을 감정 때문에 한다. 감정을 피하고 좋은 것만 취할 수 없다. 지금 순간의 직감에 반응한다. 그래야 오늘을 살 수 있다. 느껴지는 감정을 받아들여야 불안을 깨고 나올 수 있다.

오늘을 기억하기에 지금 이 순간만이 만들 수 있다. 내일이면 지금이 없다. 많은 경험을 해보려 하는 마음이 오늘이 사라질 것을 알기 때문이다. 순간마다 자신을 있는 그대로 분별없이 바라보면 오늘이 기억될 것이다. 소중한 지금을 경험이 만든다.

오늘을 살기 위해 분별을 버리고 살아가면 내면이 원하는 삶을 살게 된다. 당신은 여유로워진 마음을 알고 깜짝 놀랄 것이다. 하루 당신의 직감을 외면하지 말고 살아보길 바란다. 모든 것이 달라진다. 오늘이 내일 되면 사라진다. 그렇다면 무엇을 하고 살고 싶은가? 사랑한다고 말하고 싶은 사람에게 달려가 마음을 전할 수도 있다. 한 번쯤은 오랜 이별로 헤어진 지인을 만나고 싶기도 할 것이다. 평생 용기가 없어 못했던 것을 해보고 싶기도 할 것이다. 당신의 좋은 모습이 누구에게 기억되길 바라는가?

아직도 오늘을 살지 못하고 하루를 시간에 쫓기고 사는 사람들은 내일이 가도 똑같을 것이다. 계속되는 반복이 당신을 그렇게 만들었다. 오늘을 기억할 좋은 추억을 만들어 보자. 상처가 깊은 말을 타인에게 했다면 오늘의 기억이 남는다. 서로 좋은 관계로 남기고 싶다면 상처가 되는 말은 삼가야 한다. 모든 기억은 우리에게 저장된다. 슬프거나 기쁘거나 모두 저장되어 마음속에 남는다. 기억은 누구에게는 잊히고 남기도 한다. 지금, 이 순간에 있지 못하면 기억될 게 없다. 과거에 연연하며 걱정을 안고 오늘을 사는 동안은 과거에 갇혀 있을 뿐이다. 괴롭고 힘든 일이다. 주변에 과거에 상처받은 기억을 잊지 못하고 오늘 불행하다고 한다. 불행한 오늘은 또 남게 된다. 악순환의 연속이다.

오늘은 바로 지나간다. 불행했을 순간도 사라질 것이며 지금, 이 순간이 행복으로 가득 채운다면 아름다운 기억될 것이다. 오직 지금 이 순간뿐이라는 걸 기억하자. 지금을 산다면 고통에서 멀어진다. 행복이 자신의 안에 있음을 기억하면 하루를 평화롭게 보낸다.

그만 과거의 기억을 붙들고 싸우지 말고 보내 주길 바란다. 지금 내 앞에 놓여 있는 것들에 감사하며 사랑을 주며 살아보자. 당장은 힘들다고 한다. 돈이 들고 시간이 든다고 말하는 것과 같다. 붙들고 있는 우리의 집착이 놓지를 못하고 있다. 결단 못하면 평생 끌려다니고 만다. 오늘은 우리의 기억 속에 저장될 뿐이다. 볼 수 있는 실체가 없다. 참 바보스러운 행동이다.

미래에 사라질 오늘의 기억 속에 무엇을 붙잡고 싶다는 말인가? 모든 오늘 기억은 흘러간다. 잡고 싶어도 잡을 수 없다. 영화관 필름이 돌아가듯 장면 하나하나의 기억이 사라진단 말이다. 너무 고통스러워 말며 너무 두려워 말라는 것이다. 그래서 나는 오늘을 살면서 아끼고 싶지 않은 것들이 있다.

첫 번째 많은 사랑이다. 나에게 매일 물 주듯 사랑을 줄 것이고 나와 인연을 맺은 사람들에게 사랑을 조건 없이 줄 것이다. 훗날 후회로 남고 싶지 않기 때문이다. 사랑이 내면에 많아야 타인을 사랑할 수 있다. 넘치는 사랑의 에너지가 나를 중심으로 어디든 전해지길 바란다. 내게 사랑을 주면 자존감이 높아진다. 두 번째 웃음이다. 많이 웃고 잔잔한 미소가 나를 건강하게 하고 주변을 밝게 함을 알기 때문이다. 누구를 만나든 미소로 답을 하고 상대의 대화에 환하게 웃는 모습을 아끼지 않을 것이다. 세 번째 혼자만의 여가 시간이다. 나이를 먹을수록 혼자 지내는 시간을 잘 보내야 한다. 우리는 많은 삶 속에서도 외로움을 느낀다. 혼자라도 잘 지내면 인생이 소풍이 된다. 취미를 만들어 여가를 보내면 시간이 주는 감사함을 알게 된다. 혼자 명상의 시간을 가지는 것도 좋은 방법이다. 마음이 고요해지면서 내면을 볼 시간이다. 네 번째 좋은 먹거리다. 건강을 생각하지 않을 수 없다. 아무리 할 수 있는 게 많아도 건강이 따라오지 못하면 소용없다. 오래된 식료품을 먹지 않고 간소하게 음식을 소식하고 싶다. 많은 양을 양껏 먹는 것은 몸을 망치게 한다. 신선한 식품과 소식의 생활은 깊은 수면을 가져다 준다.

살면서 내가 아끼고 싶지 않은 것들을 나열해 보았다. 사라질 기억들이지만 행복으로 남을 것이라고 믿는다. 당신이 오늘 사라질 기억에 넣고 싶은 게 무엇인지 나열해 보아도 좋다. 당신이 편집한 오늘도 내일이면 사라진다. 사라질 기억에 사랑을 남기고 삭제하길 바란다.

인생을 즐겁게 살다 가자. 오늘이 편집된다면 무엇을 남기고 싶은가?

지금 소중한 추억을 만들고 사라질 기억을 위해 지금 행복하자.